本系列丛书为国家自然科学基金项目"全球化背景下中国农民合作组织发展：运营模式、治理结构与比较研究"（项目号：71020107028）和"农业产业组织体系与农民合作社发展：以农民合作组织发展为中心的农业产业组织体系创新与优化研究"（项目号：71333011）的成果。浙江大学"农林经济管理"国家重点（培育）学科对成果的出版给予了资助。特此致谢！

本专著还得到了浙江省哲学社会科学重点研究基地（浙江省农民发展研究中心）重点课题"浙江省农民专业合作社效率研究"（项目号：13JDNF02Z）的资助。

The Efficiency Evaluation of Farmer Cooperatives:
Theory, Methodology and Apply

农业产业组织与农民合作社研究系列丛书编委会名单

主编： 黄祖辉　张晓山　顾益康

编委： 苑　鹏　徐旭初　郭红东　程恩江
　　　　潘　劲　金少胜　梁　巧

农业产业组织与农民合作社研究系列丛书

农民合作社
效率评价：
理论、方法与运用

扶玉枝　著

ZHEJIANG UNIVERSITY PRESS
浙江大学出版社

总　序

　　我国农村始于 20 世纪 70 年代末 80 年代初的家庭联产承包责任制改革,赋予了农民比较稳定的土地承包经营权,调动了其生产积极性与创造性,促进了农业与农村经济的迅速发展。但随着改革开放的深入,社会经济环境的变化以及传统村集体经济组织的逐步衰弱,其在产前、产中、产后的统一服务功能不断弱化,农民的农业生产逐步陷于小规模、分散化的困境与挑战。这种挑战主要表现在三个方面:一是小规模、分散化的农业家庭经营难以实现农业的集约化、专业化和规模化生产;二是小规模、分散化的农业家庭经营难以实现农业的产业化经营和纵向链条延伸;三是小规模、分散化的农业家庭经营难以适应日益激烈的农产品市场竞争。最终导致多数农户很难再依靠农业生产获得体面的收入,大量的农业剩余劳动力开始流向城镇和非农产业,现代农业发展举步维艰。

　　面对此困局,从 20 世纪 90 年代开始,以山东省潍坊市为代表,出现了农业产业化经营的新的生产经营方式,取得了相当不错的经营效益,随后以"公司＋农户"为主导的农业产业化经营模式开始被各地政府提到重要议事日程进行宣传推广。但这种模式在应用推广的过程中也逐步暴露出一些问题,主要体现在:农业企业与众多分散农户打交道的交易成本非常高;农业企业与农户不是利益共同体,两者的关系比较脆弱;农业企业较强势,容易侵占农民合法收益,农民与企业间市场地位和信息获取不对称。我校农业经济管理系的不少师生也正是从这一时期开始关注农业产业化问题的研究。

在这一时期，我们首先对农业产业化经营的概念、实质、关键问题等进行了初步剖析（李长江、袁克忠、袁飞，1997；傅夏仙，1999），提出了自己的初步思考（和丕禅、郭红东，1997；周洁红、柴彭颐，1999）。在介绍国外农业产业化的先进经验的同时（柴彭颐、周洁红，1999），也开始关注浙江农业产业化的发展实践（黄祖辉、郭红东，1999），注意到了实践领域中存在的"公司＋农户"、"农户＋农户合作中介组织＋市场"等丰富多样的农业产业化形式（黄祖辉、郭红东，1997；郭红东、和丕禅，1998），试图对这些农业产业化的模式进行梳理，对农业产业化的指标、实现途径进行探索（罗庆成、潘伟光、朱允卫，1998；周洁红、柴彭颐，1998）。应该说这个阶段，我们关于农业产业化的理论研究小有收获，也协助政府部门回答了应该制定怎样的农业产业化支持政策的问题（周洁红、柴彭颐，1999；郭红东、黄祖辉、蔡新光等，2000）。

由于以"公司＋农户"为主导的农业产业化经营面临着一些固有的内在缺陷，被认为能更好地代表和维护农民利益的农业合作社组织得以从20世纪90年代中后期开始获得重新宣传和引入，并从21世纪初逐步在浙江等地开始试验推广，这就给我们展开相关问题的深入研究提供了很好的实践动力。同时，浙江大学农业现代化与农村发展研究中心（教育部人文社科重点研究基地）、浙江大学中国农村发展研究院（国家"211工程"、"985工程"重点建设单位，以下简称中心、研究院）的相继成立，更是给我们的理论研究提供了很好的科研平台与制度保障。

从21世纪初开始，中心、研究院师生的研究首先讨论了农民进行生产经营合作的必然性和农民合作社发展的变革态势（黄祖辉，2000），介绍了合作社组织的思想宗旨（林坚、王宁，2002）与本质规定性（徐旭初，2003），辨析了国内对农民合作组织的认识误区（黄祖辉、Olof Bolin、徐旭初，2002），促使国内理论界和实践领域开始正确认识农民合作组织，极大地推动了农民专业合作经济组织的发展（黄祖辉、徐旭初，2003）。随后，在理论上深刻揭示了农民合作组织发展的影响因素（黄祖辉、徐旭初、冯冠胜，2002），尝试以浙江为基础解析农民专业合作组织的实践情况（郭红东、黄祖辉，2001），剖析农户参与合作组织的意愿（郭红东、钱崔红，2004；郭红东、方文豪、钱崔红,2005),分析影响农民参与合作组织行为的因素(郭红东、蒋文华,2004),考察合作组织在实施农产品质量控制等方面的作用(卫龙宝、卢光明,2004),并尝试基于政府的立场,提出农民专业合作经济组织应如何发展完善与创新的思路(郭红东,2002;郭红东,2003;郭红东等,2004)。应该说,在这个阶段,对于农民专业合作组织的理论研究工作奠定了中心、研究院在国内合作社理论界的基础地位,也促使浙江省农业厅等相关政府部门与我们展开深入合作,推动农民专业合作社在浙江省的立法工作。为此,中心、研究院一方面积极宣传介绍以北美为典型的国外合作社实践经验(郭红东、钱崔红,2004a;郭红东、钱崔红,2004b),系统梳理国外最新的合作社研究理论成果(郭红东、钱崔红,2005),同时,中心、研究院也与政府部门合作,高规格举办了农民合作组织的制度建设和立法安排国际学术研讨会(2005),阐述了合作社的制度与立法问题,并进行了国际间的比较(徐旭初、黄祖辉,2005),为《浙江省农民专业合作社条例》的起草和最终出台奠定了扎实的理论基础。《浙江省农民专业合作社条例》的立法经验也直接推动了《中华人民共和国农民专业合作社法》的出台(徐旭初,2005),中心、研究院的老师也为《中华人民共和国农民专业合作社法》的出台做出了重要贡献。浙江省和全国农民专业合作社的立法实践反过来也进一步推进了中心、研究院对于合作社组织制度安排等主题的深入研究,中心、研究院师生先后探讨了合作社的产权安排(徐旭初,2006;林坚、黄胜忠,2007)、治理结构(黄祖辉、徐旭初,2006;邵科、徐旭初,2007)等问题,并尝试用交易费用理论等厘清合作社与投资者所有企业的边界(林坚、马彦丽,2006),解释合作社组织的集体行动逻辑(马彦丽、林坚,2006)。

这一阶段,中心、研究院的师生也没有忽视对农业产业化经营问题的理论探索。有些研究者在尝试使用契约理论分析、解析农业产业化经营的契约与组织形式问题(黄祖辉、王祖锁,2002;吴秀敏、林坚,2004),有些研究者展开了对农业(农产品)行业协会问题的研究,通过对国外相关发展经验的介绍(黄祖辉、胡剑锋,2002),对行业协会的特征、促进农业产业化经营的价值进行解析(郭红东,2002;胡剑锋、陆文聪,2004),试图提出我国农业行业协会的建设思路(胡剑锋、黄祖辉,2004)。更核心的研究主题一方面来自于从农户视角研究农业产业化经营问题(陆文聪、西爱琴,2005),聚集关键的农业龙头企业与农户的订单安排等利益联结机制问题(郭红东,2002;郭红东、蒋文华,2007);另一方面从农业龙头企业自身的发展维度,如治理结构安排、核心竞争力培育等进行理论聚焦(辛焕平、和丕禅、娄权,2006;彭熠、和丕禅、邵桂荣,2005;彭熠、和丕禅、邵桂荣,2006)。应该说,通过这段时间的努力,中心、研究院研究者清晰地认识到,要想进一步推动农业产业化发展水平的提升,既需要充分利用民间资本助力农业产业化(彭熠、黄祖辉、王健,2005;彭熠、和丕禅、李勇,2006),又需要嵌入于供应链视角发展农业产业化(张静、傅新红,2007),更需要协调发挥行业协会、公司、合作社等组织在农业产业化中的作用(郭红东、蒋文华,2007),其中农民专业合作社的作用尤为基础和关键。

随着2007年国家《农民专业合作社法》的颁布实施,中心、研究院师生进一步提高了对农民专业合作社重要性的认识,成立了中国农民合作组织研究中心(CCFC),创设了中国农民合作社研究网(www. ccfc. zju. edu. cn),强化了对合作社组织的理论研究。首先,正如2008年中心、研究院与国际劳工组织、农业部经管司(经管总站)等单位共同举办的"中国农村改革30年:中国农民合作经济组织发展国际研讨会"所达成的会议共识,研究者清晰地指出了与西方传统合作社的发展环境、成员与组织特征相比,中国当下的农民专业合作社发展有了新的形势(徐旭初,2008;徐旭初、邵科,2009;徐旭初、吴彬,2009),中国的农民专业合作社发展开始嵌入于供应链管理的环境(徐旭初,2007),合作社的本质性规定在中国发生了不同程度的飘移(黄祖辉、邵科,2009),新形势下的农民专业合作社发展面临多重困难与挑战(张忠根、王玉琳,2009),多类型的农民合作组织在中国具有存在的必然性(黄祖辉,2008),但仍然需要坚持市场化、专业化的合作社发展价值取向(黄祖辉、邵科、徐旭初,2010)。

其次,中心、研究院师生将更多的研究精力投入到对农民专业合作社组织制度安排与发展成长问题的研究。在组织制度安排上,治理结构与运行机制主题(黄胜忠、徐旭初,2009;吴彬、徐旭初,2013)、组织效率(绩效)问题(黄祖辉、梁巧,2009;黄祖辉、邵科,2010;黄祖辉、扶玉枝,2012;扶玉枝、黄祖辉，2012)是研究者重点聚焦的问题，产生了一批有分量的成果(黄胜忠、林坚、徐旭初，2008；黄祖辉、扶玉枝、徐旭初，2011；黄祖辉、扶玉枝，2013)。在组织发展成长上，中心、研究院师生重点关注了合作社成长、服务功能实现与纵向一体化经营的影响因素(郭红东、楼栋、胡卓红、林迪，2009；刘颖娴、郭红东，2012；黄祖辉、高钰玲，2012)，注意到了农民专业合作社存在的融资难问题正在影响着组织的发展壮大(郭红东、陈敏、韩树春，2011)，一些合作社在资本的控制下呈现出功能弱化的趋向(崔宝玉、李晓明，2008；崔宝玉、张忠根、李晓明，2008)，当前需要允许农民专业合作社尽快开展信用合作试点(徐旭初，2011)。中心、研究院师生也非常重视基于成员视角研究成员参与行为的特征、影响因素，观察成员参与对合作社满意度等的影响(郭红东、杨海舟、张若健，2008；郭红东、袁路明、林迪，2009；蔡荣、韩洪云，2012；黄祖辉、高钰玲、邓启明，2012；邵科、徐旭初，2013)。

由于农民专业合作社的发展壮大，合作社在农业产业发展中的功效逐步显现，除了带领农户参与大市场、应对供应链的集体行动(黄祖辉、梁巧，2007；施晟、卫龙宝、伍骏骞，2012)，其在农业生产标准化推广、技术贸易壁垒应对等方面的作用也不断凸显(赵建欣、崔宝玉、祁国志，2008；周洁红、刘清宇，2010)，农民专业合作社正在改变农户的生产行为和收益情况(蔡荣，2011；蔡荣、韩洪云，2012)。

总体而言，面对不同于经典模式、反映中国时代特征的农民专业合作社发展(徐旭初，2012)，中心、研究院师生借鉴委托—代理理论、交易成本理论等理论(梁巧、黄祖辉，2011)，围绕农民专业合作社的组织制度安排、成员参与、产业带动等层面进行了非常有价值的探索，成为国内研究农民专业合作社的重镇。

实际上，最近十年来，中心、研究院老师在农业产业组织与农民合作社领域展开理论研究的同时，也培养了一批优秀的从事相关研究的博士生。以郭红东(2005)为代表，一些硕士、博士研究生围绕农业产业化主题分析了农业龙头企业与农户订单安排及履约机制等问题。以徐旭初(2005)为代表，另一批硕士、博士研究生围绕合作社主题对农民专业合作社的制度等进行了理论解析。而随着《中华人民共和国农民专业合作社法》的颁布实施、农民专业合作社的快速发展，中心、研究院硕士、博士研究生对农民专业合作社的理论研究更为深入，这套"农业产业组织与农民合作社研究系列丛书"正是其中的一部分代表性成果。

我们希望，在 2012 年全国农民专业合作社达到 68.9 万家，实有成员 5300 多万户，各类产业化经营组织超过 30 万个，带动农户达 1.18 亿户的新形势下，这批专著的出版能够进一步推动理论界的相关问题研究进展，吸引更多学人关注和参与分析讨论，也进一步促进农民合作社和其他农业产业组织的实践发展。同时，我们也意识到，即将出版的这几本专著由于各种主、客观原因，还存在一些问题和缺陷，因此殷切期盼读者能够提出批评指正，促使我们这些年轻的学人能够在未来的理论与实践研究中改进提高。

本系列丛书的出版得到了浙江大学国家"985 工程"三期项目的支持，得到了国家自然科学基金重大国际（地区）合作研究项目"全球化背景下中国农民合作组织发展：运营模式、治理结构与比较研究"（项目号：71020107028）和国家自然科学基金农林经济管理学科群重点项目"农业产业组织体系与农民合作社发展：以农民合作组织发展为中心的农业产业组织体系创新与优化研究"（项目号：71333011）的资助，在此一并表示感谢。我们还要感谢浙江大学出版社的编辑们为本系列丛书的出版所付出的辛勤劳动。

黄祖辉

2013 年 12 月于浙大华家池

目　录

图目录

表目录

1 绪 论

"有效率的经济组织是经济增长的关键,一个有效率的经济组织在西欧的发展正是西方世界兴起的原因所在。"

——道格拉斯·诺斯(Douglass C. North,1976)

事实上,中国的改革正是从提高微观经济组织的效率开始的,尤其是在农村地区取得了举世瞩目的成就。20 世纪 80 年代初,家庭联产承包责任制的实行极大地调动了农户家庭劳动力的生产积极性,提高了农业生产的效率,因而解决了 13 亿人的吃饭问题。而产生于 20 世纪 90 年代、蓬勃发展于 21 世纪的农民合作社在促进现代农业发展、农民收入增长等方面发挥着越来越重要的作用。然而,令人遗憾的是,虽然合作社效率问题一直是西方经济学者关注的热点(Clark,1952;Lerman & Parliament,1991;Soboh et al.,2009;等等),但中国合作社效率问题却较少有人探讨,更没有形成具有解释力的理论框架和实证结论。因此,加深对这一问题的研究可以为中国合作社的进一步发展提供坚实的理论和实证基础。本书认为,如下几个问题非常关键:(1)合作社的效率内涵是什么?相比于企业组织有何特殊性?(2)如何准确评价合作社效率?静态(短时期)效率和动态效率(跨时期)有何异同?(3)不同产品类型合作社之间存在效率差异吗?其深层原因是什么?(4)可以通过哪些途径提高合作社的效率水平?本书将在理论和实证上对上述几个问题做出较有说服力的回答。

1.1　研究背景、问题与意义

改革开放后，中国农村地区启动了两项重要改革：一是实施家庭联产承包责任制；二是推进农副产品市场化。前者结束了"三级所有，队为基础"的人民公社制度，确立了农户作为农业生产经营单元的主体地位，从而有效解决了激励问题，极大地调动了农户的生产积极性，提高了农业生产的效率（蔡昉等，2008）；后者使得农产品价格逐步放开，20 世纪 90 年代初即有 90％以上的农副产品实现了市场交换（周立群等，2001）。然而随着农产品贸易的市场化、国际化进程不断加快，农产品逐渐由买方市场转变为卖方市场，由于信息不对称、有限理性、资金限制等不利因素，小农户难以驾驭农产品市场供求的大幅波动，"小农户、大市场"的矛盾日趋尖锐。为解决此矛盾，20 世纪 90 年代，农民合作社率先在浙江等市场经济较为发达的省份悄然兴起，并逐渐发展壮大。

21 世纪以来，中国政府不断加大对农民合作社的支持力度。2003 年，"农民合作经济组织法"被正式列入全国人大立法规划。2006 年，《中华人民共和国农民专业合作社法》经第十届人民代表大会常务委员会通过，并于 2007 年 7 月 1 日起实施，至此，农民合作社的发展有了法律保障。此后，党的十七大报告明确提出"探索集体经济有效实现形式，发展农民专业合作组织"。国务院在《关于 2009 年促进农业稳定发展农民持续增收的若干意见》中提出"加快发展农民专业合作社，开展示范社建设行动"，并要求"尽快制定有条件的合作社承担国家涉农项目的具体办法"。在一系列的政策支持下，合作社在全国范围内蓬勃发展。截至 2013 年 6 月底，全国依法登记的合作社达到 82.8 万家，约是 2007 年年底的 32 倍；实有成员达 6540 多万户，占农户总数的 25.2％[①]。合作社广泛分布在种植、畜牧、渔业、林业等各个行业，预计到"十二五"末，统一销售农户成员的农产品产值将占农业生产总值的 30％以上[②]。

---

① 《农业部：我国农民专业合作社实有成员达 6540 多万》，人民网（http：//politics. people. com. cn/n/2013/0828/c1001—22721171. html），2013 年 8 月 28 日发表。

② 《"十二五"末我国农民专业合作社将覆盖 45％的农户》，新华网（http：//news. xinhuanet. com），2010 年 9 月 27 日发表。

农民合作社并非中国特有,从全球范围来看,农民合作社已经成为世界各国农业领域的重要组织形式。如美国农民合作社遍布全国各地,86％的乳制品、41％的棉花、40％的粮油通过合作社销售(Warman & Kennedy,1998)。欧盟国家60％的农产品由合作社收购、运输和销售,丹麦、荷兰和比利时70％~80％的水果和蔬菜通过合作社销售(Galdeano et al.,2006)。西班牙的合作社数量在1998年年底时有近4000家,全国50％的农产品通过合作社销售(Arcas & Ruiz,2003)。

合作社在全球农业领域的产生、发展并非偶然,而是与其自身优势有着必然的联系。首先,合作社能实现单个农户所无法实现的集体功能,如提高农户在市场中的谈判力量、降低市场风险和生产成本、提高收入和生产率等(Fulton,1995;Farris & Padberg,1997;Cotterill,1997;Warman & Kennedy,1998;吕东辉等,2010)。其次,合作社有助于增强农业自身的积累和发展能力(杜吟棠,1998),对促进经济发展起着非常重要的作用(Deng et al.,2010)。再次,合作社有助于农产品直接进入销售中心,从而有利于农产品的价值增值(Galdeano et al.,2006),同时也能更好地满足消费者的需求(Arcas & Ruiz,2003)。

当前,农产品贸易趋于全球化、自由化,跨国农业集团迅速崛起、全球竞争不断加剧,从形势发展来看,农民合作社的发展受到全球范围内同业的巨大竞争压力,因此追求经济效率成为其必然选择,只有效率较高的合作社才具有资源优势和竞争优势,没有经济效率就意味着没有竞争力,最后只能被淘汰(Hailu et al.,2005)。从社会整体来看,农民合作社对效率的追求具有重要的现实意义,因为有效率的经济组织是经济增长的关键(North,1976)。

那么,处于现代市场经济环境下的中国农民合作社,其运行效率如何?营销、服务、购买等不同类型合作社的效率是否可比?依据是什么?相同类型合作社产品特性是影响其发展的主要因素,而不同产品类型合作社的生产技术与市场交易特性存在明显差异,那么不同产品类型合作社的效率是否存在显著差异?其深层原因是什么?又是哪些因素影响到相同产品类型合作社之间单个合作社的效率?如果从动态发展角度来看,合作社效率是如何变化的?根源是什么?上述问题是合作社实践者及相关部门需要考虑的现实问题,也是本书将要回答的问题。在回答这些问题之前需要弄清楚的是,这些问题的理论根基是什么？已有理论研究是否已经形成一个逻辑严密的、统一的、适宜于中国农民合作社的理论体系？理论成果能否运用于实证分析？实证研究是否已经能够给出明确一致的结论？如果已有的理论与实证研究对这些问题的回答是肯定的，就没有必要再对这些问题进行研究；如果是否定的，则有必要对这些问题作出细致深入的解答。

虽然学者们一致认为合作社效率取决于目标函数（Soboh et al.，2009），但各派学者对合作社目标的界定各持己见，分歧较大，大致可以归为单一目标和多目标之争。然而，即使是持单一目标的观点，学者们在目标函数的设定上也各有己见。比如，视合作社为纵向一体化企业的学者（例如 Sexton & Iskow，1993）与视合作社为独立企业的学者（例如 Enke，1945）在目标函数的设定上也存在较大差异（尽管都认为合作社具有单一目标）。在多目标问题上，差异更大。合作社目标函数的分歧导致了合作社效率理论的丰富多彩，但也使得统一的理论体系难以形成。深层的原因是什么呢？Clark（1952）认为，合作社类型不同，目标不同。如购买合作社的目标是使每单位的成本最小化，而营销合作社的目标则为每单位的回报最大化，因此，购买合作社和营销合作社的目标函数是有差异的。这说明了对合作社进行分类研究的必要性。Soboh 等（2009）认为合作社是社员（惠顾者）拥有并控制的企业组织，有别于投资者所有的企业：一方面对外，合作社为保持竞争力，需要追求合作社的利益最大化；另一方面对内，合作社需要满足社员的利益最大化。这种复杂的性质使得合作社目标相比于投资者所有的企业复杂得多。那么，如何构建适宜中国农民合作社的目标函数？

与理论研究复杂多样的假说形成鲜明对比的是，合作社效率的实证分析中主要将合作社作为追求利益最大化的企业，聚焦于企业行为模型的运用，并取得了可观成果。已有国外研究主要选取粮食、果蔬、园艺、乳制品、禽蛋等某一产品或者多种产品类型的合作社作为具体的考察对象，采用基于前沿理论的参数法（例如 Boyle，2004；Hailu et al.，2007；等等）或者非参数法（例如 Ariyaratne et al.，2000；Galdeano，2008；Singhavara et al.，2012；等等），使用合作社的横截面或者面板数据，评价其技术、配置、成本等效率或生产率。有些学者还进一步分析了合作社效率的影响因素（例如 Hailu et al.，2005，2007；Krasachat & Chimkul，2009；等等）或者生产率增长的根源

（例如，Ariyaratne et al. ，2006；Galdeano，2008；Singhavara et al. ，2012；等等）。

与国际学术界相比，国内关于合作社效率评价的研究起步较晚，近年来才涌现出一些相关的实证研究。而且一些研究在研究对象的选取上所涉及的范围较宽，没有针对性，更没有将合作社进行分类研究，有些学者甚至将农村合作经济组织与农民专业合作社放在同一框架内进行研究；在研究方法上，定性分析居多，定量研究方法很少考虑偏差结果与统计意义。黄祖辉等（2011）运用 Bootstrap-DEA 模型首次准确测度了浙江营销合作社的技术效率、纯技术效率和规模效率，发现营销合作社的平均技术效率水平较低，主要来源于纯技术低效率。扶玉枝和黄祖辉（2012）构建了一个营销合作社效率的理论分析框架，测算了浙江省营销合作社总体及细分产品类型的技术效率、纯技术效率和规模效率，并对不同产品类型的合作社进行了比较研究。本书将在上述两篇文献的基础上，在理论和实证上就中国农民合作社的效率问题进行系统性研究。

综上，本书将立足于中国农民合作社发展的现实情况，理论分析将重点讨论合作社效率的内涵与特征、合作社静态效率的评价与影响因素、动态效率的评价与来源。实证研究将重点考察浙江营销合作社的静态效率和动态效率，其中静态效率主要考察营销合作社总体及细分产品类型的静态效率水平，以及影响静态效率的因素；动态效率主要考察营销合作社的生产率增长及其来源情况。希望本书能够帮助完善现有合作社效率的理论研究，并能为中国农民合作社的进一步发展提供科学的实践指导。

1.2 核心概念界定

1.2.1 农民合作社

农民合作社是合作社的一种，在界定农民合作社之前，首先需要弄清楚合作社的概念。然而，定义合作社并非易事（Hind，1999），而合作社并不像投资者所有企业（investor-owned firms，IOF）一样有一个标准的所有权结构（Chaddad & Cook，2004）增加了这一难度。在合作社理论的演进中，各学派虽然从不同的角度来理解合作社,定义合作社(Sexton,1984;Barton,1989;Sexton & Iskow,1993;Cook & Chaddad,2004;Soboh et al.,2009;等等),但对合作社的本质基本达成共识:合作社是社员(惠顾者)拥有并控制的企业组织。如 Barton(1989)将合作社定义为使用者所有和使用者管理的商业组织,其收益按照交易额或使用量分配给所有社员。Sexton & Iskow(1993)认为合作社是使用者控制和使用者所有的组织,它既是追求利益最大化的企业,也是自愿结合的联盟。Hendrikse & Veerman(2001)认为合作社是一种生产者所有企业。

1995 年,国际合作社联盟(International Co-operative Alliance,ICA)在合作社 100 周年代表大会上对合作社的权威定义为:"合作社是人们自愿联合、通过共同所有和民主管理的企业,以满足经济、社会和文化需求和愿望的一种自治组织。"根据这一定义,可以作出如下理解:

第一,合作社是自治组织。即合作社是由社员控制和自主经营的组织,独立于政府和其他组织。

第二,合作社是"人的自愿联合"。关于"人",既可以是自然人,也可以是法人,但不能强迫,社员有加入和退出的自由。

第三,合作社是企业。合作社企业为社员"联合所有"(jointly-owned),即合作社的资产由所有社员共同共有(common-owned)。合作社企业在管理上实行"民主管理",其管理机构通过社员民主选举产生,对全体社员负责。

第四,合作社以"满足社员共同的经济和社会需要"为目标。合作社的目标着眼于社员,与社员的共同目标具有一致性。因此,不同类型合作社的具体目标因社员需求的不同而存在差异(如购买合作社和营销合作社的目标是不同的)。

关于农民合作社,Ortmann 和 King(2007)认为农民合作社是使用者所有、使用者控制且使用者受益的企业。美国农业部农村商业和合作社发展中心将农民合作社界定为一种"用户所有、用户控制和用户受益的公司型企业"(Hsu,2006)。其中"用户所有"指合作社的使用者拥有合作社;"用户控制"指合作社的使用者能够控制合作社的运行,这种控制可以采取理事会或社员代表大会等方式进行;"用户受益"指使用者从合作社中获取利益。

在中国,《中华人民共和国农民专业合作社法》将农民专业合作社定义为："在农村家庭联产承包经营基础上,同类农产品的生产经营者或者同类农业生产经营服务的提供者、利用者,自愿联合、民主管理的互助性经济组织;农民专业合作社以其成员为主要服务对象,提供农业生产资料的购买,农产品的销售、加工、贮藏以及农业生产经营有关的技术、信息等服务"。这一定义在本质上与国际合作社理论界对农民合作社的含义理解是一致的,同样强调合作社是一种由成员(使用者)所有、成员(使用者)控制和成员(使用者)受益的"经济组织"。

本书所使用的农民合作社概念与国际上的"农民合作社"和国内的"农民专业合作社"具有一致性。需要指出的是,后文有时将"农民合作社"简称为"合作社"。

1.2.2 农民营销合作社

合作社的类型具有多样性,农民合作社是合作社类型中的一种,而其本身又包括多种类型。本研究借用 Hsu(2006)对合作社的分类方法来分析合作社的类型。合作社是有限公司的一种形式,包括消费合作社、生产者合作社和雇员合作社。其中生产者合作社主要是以独立的生产者所组建的合作社,包括农民合作社和非农民合作社两种类型。农民营销合作社是相对于其他类型的农民合作社而言的。一般来说,农民合作社包括营销合作社(marketing cooperatives)、服务合作社(service cooperatives)和购买合作社(purchase cooperatives)三种类型。营销合作社主要对农户生产的农产品进行运输、包装、配送和销售等;服务合作社主要从事保险、灌溉和人工育种等业务;购买合作社主要为社员购买或分发饲料、化肥、种子等农业生产所需的投入品(Hsu,2006)。关于营销合作社,Cotterill(1987)认为该类合作社具体包括交易合作社(相当于成员的销售代理,主要为成员销售初级农产品)和加工合作社(将成员的初级农产品加工后销售给批发商或零售商)两种类型。

在本书中,农民营销合作社指为农户生产的农产品进行运输、包装、配送和销售等为主的农民合作社,其中"农户生产的农产品"包括合作社成员及非成员所生产的初级农产品和合作社对这些农产品进行加工后的产品。此外,本书强调的是"为主",因为中国的实际情况是,这类合作社往往还充当了购买合作社的某些功能,如为成员提供生产资料。因此,本书所研究的中国农民营销合作社以具有营销合作社功能为主,同时还具有购买合作社的某些功能。

1.3 研究目标、假说与内容

1.3.1 研究目标

本书的总体目标是,在经济日益全球化的背景下,从理论和实证上探讨中国农民合作社的经济效率问题,以期完善现有合作社效率研究的理论体系,并为中国农民合作社的发展实践提供科学的政策建议。

具体目标可以分为以下几个方面:

(1)改进现有目标函数,使理论成果能够运用于实证分析。

(2)测量营销合作社总体及细分产品类型的静态效率,探寻不同产品类型合作社静态效率差异的原因,并确定相同产品类型合作社静态效率的影响因素。

(3)测度不同产品类型营销合作社的动态效率,并确定其来源,比较不同产品类型合作社动态效率的差异及根源。

通过上述三个具体目标,最终评价营销合作社的经济效率水平及其根源,提出合作社进一步发展的政策建议。

1.3.2 研究假说

针对以上研究目标,提出以下假说:

(1)合作社效率决定于目标函数。现阶段中国营销合作社与成员具有相同的目标,成员之间信息对称。

(2)合作社的短期目标是静态效率最优。但是,合作社实现有效率只是一种偶然,通常合作社都存在静态低效率。不同产品类型合作社的静态效率存在显著差异。相同产品类型合作社的静态效率主要受规模、产权、内部治理和外部环境的影响。

(3)合作社的长期目标是动态效率最优。合作社动态效率或生产率主要来源于技术效率、规模经济效果和技术进步。

1.3.3 研究内容

结合本研究目标,本书研究的主要内容包括:

(1)构建营销合作社的目标函数。结合中国农民合作社发展的现实情况,在一系列假设前提下,改进现有合作社的目标函数,构建一个适合中国农民营销合作社且能运用于实践的目标函数。

(2)以浙江营销合作社为例的静态效率实证研究。测度农民营销合作社总体及细分产品类型的静态效率水平,并分别考察是哪些因素影响到粮食和一般经济作物类、蔬菜水果类、畜禽水产养殖类三类合作社的效率水平。

(3)以浙江营销合作社为例的动态效率实证研究。分别测量粮食和一般经济作物类、蔬菜水果类、畜禽水产养殖类三类农民营销合作社的动态效率及来源,并分析其深层原因。

1.4 研究方法与数据来源

1.4.1 研究方法

本书采用的研究方法主要包括:

(1)文献分析方法。文献研究可以为待研究的具体问题提供理论基础、研究思路以及方法借鉴。本研究借鉴国内外已有的理论成果,对效率及其相关理论、合作社理论等理论的最新进展进行归类、总结,为合作社效率的理论分析提供理论支撑;对相关实证文献进行梳理,为合作社效率的经验研究提供实证依据。

(2)Bootstrap-DEA 和 Bootstrap Malmquist 方法。参数法和非参数法是最常用于测度合作社效率的方法,但两者各有优缺点,而 Bootstrap 是目前弥补非参数方法缺陷的唯一可行方法(Wilson,2006)。因此,本书运用 Bootstrap-DEA 方法准确测度浙江省营销合作社总体及细分产品类型的技术效率、纯技术效率和规模效率,采用 Bootstrap Malmquist 方法度量浙江营销合作社的全要素生产率增长及其分解指数。

(3)计量经济学的研究方法。经济学的理论模型从基本假设出发,从逻辑上推演出待检验的理论假说，而计量经济学则是检验理论假说的重要工具。本书使用浙江省营销合作社的数据资料，根据分析目的与研究重点，设定相关的计量回归方程，并进行模型检验。本书在进行计量检验时非常注重结果的准确性和一致性，因此采用单侧截断 Bootstrap（single truncated Bootstrap）程序对计量方程进行估计，并对这些结果进行比较分析，从而得出较为可靠的相关结论。

1.4.2　数据来源

需要说明的是，本书主要以浙江省的农民营销合作社为实证研究对象。研究营销合作社的原因在于，20 世纪 90 年代以来，为解决农产品难卖的问题，我国合作社应运而生，因此农民营销合作社是我国数量最多、发展最快、最重要的合作社类型。以浙江为例的原因是，浙江是我国市场经济最为发达、合作社发展最为规范、合作社基础数据最为齐全的省份之一。此外，浙江还是中国最早出台农民专业合作社专门性法规的省份。因此，以浙江为例，分析营销合作社的效率，不仅可信度较强，而且对全国其他地区农民合作社的发展具有指导意义。

关于本研究所使用的数据中，2004—2006 年的数据来源于本课题组在 2007 年的合作社调查数据，共有 486 个样本。2007 年和 2009 年的数据是浙江省农业厅向全省合作社收集的年度财务数据，笔者从中随机抽取 1500 家合作社的数据用于实证研究。此外，还有部分数据来自《浙江统计年鉴 2010》、2010 年浙江省各地（市）统计年鉴、农业部农村经济体制与经营管理司、农业部农村合作经济经营管理总站、农业部管理干部学院编著的《中国农民专业合作社发展报告（2006—2010）》、中国农民专业合作社网、新华网等书籍和网站。

1.5　技术路线与全书结构

1.5.1　技术路线图

本书遵循"从现实和理论出发→理论分析→实证分析→解决问题建议"这一研究思路，采用的技术路线如图 1.1 所示。

农民合作社效率研究 — 提出问题

理论基础与文献综述

合作社效率分析框架

| 效率决定：目标函数 | 短期目标：静态效率最优 | 长期目标：动态效率最优 |

特殊性 目标函数 动态性

实现条件 基本模型 影响因素

技术效率 规模经济 技术进步

理论分析

农民合作社效率的实证研究：以浙江营销合作社为例

静态效率研究   动态效率研究

测度：技术效率、纯技术效率和规模效率

影响因素：规模、财务杠杆、理事会规模、负责人才能、社员人力资本和地区因素

测度：全要素生产率增长

根源：技术进步、效率提高

实证研究

农民合作社效率提高 — 政策启示

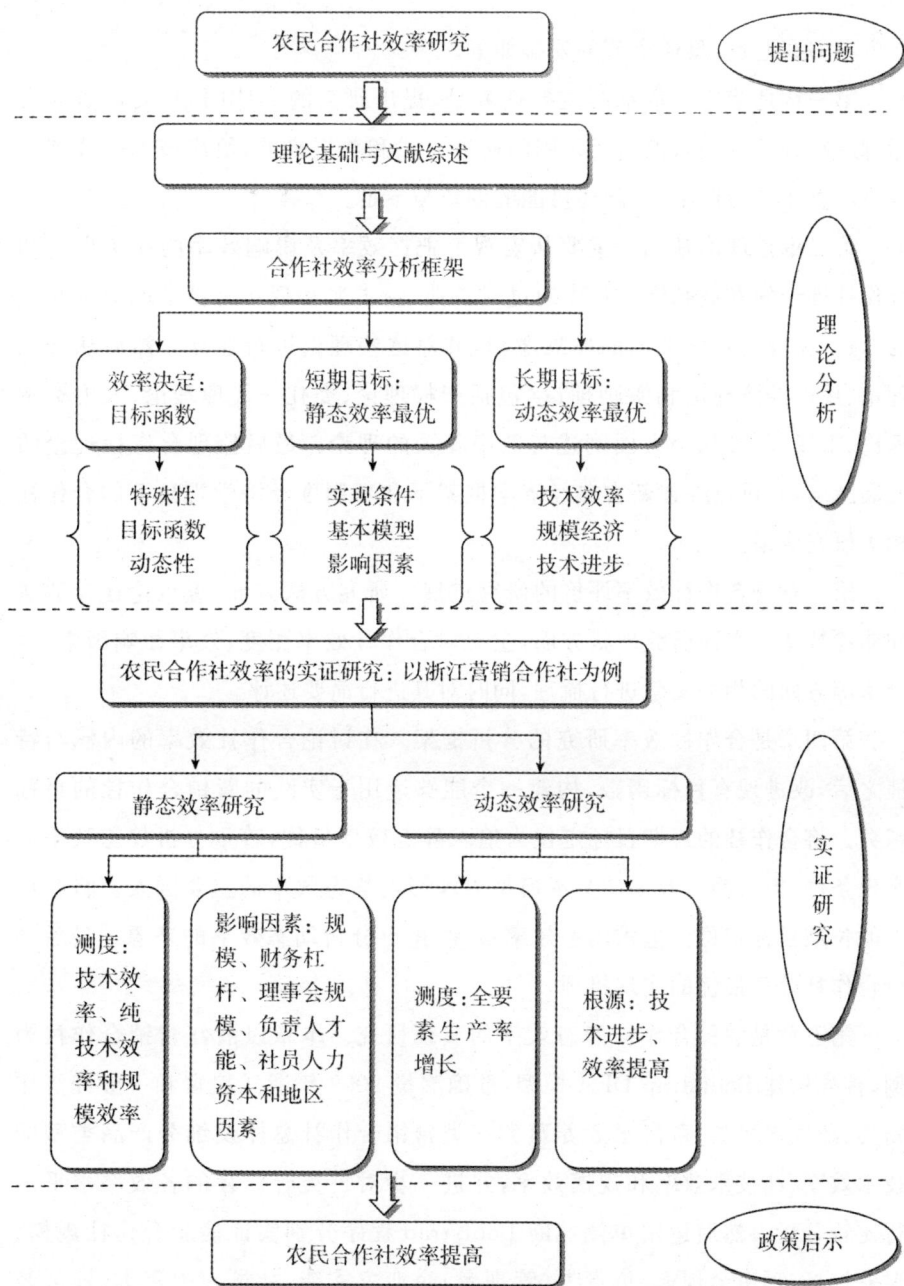

图 1.1 本书的技术路线

1.5.2 全书结构

本书共七章，具体章节的安排如下。

第一章是绪论。本章的主要任务是，提出研究的具体问题，交代研究目标、假说和研究内容；说明所采用的研究方法和数据来源，给出技术路线图和本书的整体结构框架，并阐述可能的创新与不足。

第二章是理论基础。主要从宏观上把握效率及影响效率的相关理论和合作社理论的发展脉络。首先通过对古典、新古典和现代经济学的效率观点的综述，梳理出效率理论的发展逻辑，并对这些理论进行述评。然后从分工理论、规模经济理论和激励理论（包括产权理论、委托—代理理论、人力资本理论、市场理论）几个方面阐述与效率相关的理论。最后梳理合作社理论的发展脉络，并重点综述新古典经济学框架下和新制度经济学视角下的合作社相关研究成果。

第三章是合作社效率评价的研究进展。研究方法方面，重点论述参数法和非参数法。实证研究现状方面，主要对合作社效率测度、效率影响因素、生产率等方面的相关文献进行梳理，同时对其进行简要述评。

第四章是合作社效率研究的分析框架。在讨论合作社效率的内涵与特征之后，改进现有目标函数，构建一个能够运用于实践的营销合作社的目标函数。将合作社的短期目标定位为追求静态效率最优，着重分析静态效率的实现条件、衡量静态效率的基本模型以及影响静态效率的主要因素。将合作社的长期目标定位为追求动态效率最优，重点分析动态效率的来源。最后分析合作社效率最优的实现机理。

第五章是农民合作社静态效率的实证研究。本章以浙江营销合作社为例，首先构建 Bootstrap-DEA 模型，准确测量 2009 年浙江粮食和一般经济作物类、蔬菜水果类、畜禽水产养殖类三类营销合作社总体及细分产品类型的技术效率、纯技术效率和规模效率，并进一步对三类合作社的各效率水平进行比较分析。然后运用单侧截断 Bootstrap 程序分别实证检验合作社规模、财务杠杆、理事会规模、负责人（管理者）企业家才能、社员人力资本、地区经济发展水平等因素，分别对三类合作社的技术效率、纯技术效率和规模效率的影响情况进行分析。

第六章是农民合作社动态效率的实证分析,即合作社的全要素生产率增长及其来源。本章使用 2004—2009 年的浙江营销合作社面板数据,测算了浙江省粮食和一般经济作物类、蔬菜水果类和畜禽水产养殖类三类营销合作社的全要素生产率(TFP)增长及其分解指数,并探讨背后的深层原因。

第七章是全书的结论、政策启示与研究展望。

1.6 可能的创新与不足

与现有文献比较,本书所做研究的创新之处主要表现在如下几个方面:

(1)理论分析方面,假设营销合作社为"独立企业",农产品市场完全竞争,信息对称,合作社对成员产品平均定价,合作社收益按交易额公平返还给成员。在这些假设条件下,改进现有目标函数,构建了一个能够运用于实证分析的营销合作社目标函数。

(2)实证方法方面,第一,首次将 Bootstrap-DEA 两阶段方法运用于合作社静态效率的实证分析。第一阶段所使用的 Bootstrap-DEA 模型是目前为止最能够将所测得的合作社效率值与真实值无限接近的方法;第二阶段分析所运用的单侧截断 Bootstrap 程序能够克服 OLS 模型所估计结果的偏误和 Tobit 模型所估计结果的不一致,从而得出相对最为可靠和稳健的结论。第二,首次使用 Bootstrap Malmquist 方法考察中国营销合作社的动态效率问题。该方法优于传统的 Malmquist 模型,前者相比后者考虑了估计过程中的随机偏误,并能检验估计结果是否具有统计意义。

(3)实证内容方面,首次利用浙江省营销合作社的数据,针对营销合作社的效率问题进行较为深入、细致的经验研究。主要贡献具体体现为:第一,通过对合作社静态效率的测量,发现不论是总体还是细分产品类型,合作社效率水平均较低,且主要来源于纯技术低效率,说明合作社运营中存在比较严重的经营不力和管理不善的情况。不同产品类型合作社之间的效率存在显著差异,分析发现,这种异质性的可能原因有产品特性及市场竞争的异质影响。第二,通过对合作社静态效率的影响因素分析,发现合作社负责人的企业家才能和成员的人力资本状况是提高效率的关键因素。这一结论说明向合作社成员(包括经理人员)进行投资的重要性。第三,通过对合作社动态效率的度量，发现在研究期间，三类合作社的年均 TFP 增长率均为正，且在 5% 水平上有意义，但不同产品类型合作社的增长程度和方式存在差异；而分时期(2004—2006 年和 2007—2009 年两个时期)的研究发现，2007 年以来政府对合作社的扶持效应主要体现在技术进步方面，但技术进步在推动合作社生产率提高的同时也加剧了合作社之间的技术效率差距。这说明技术进步具有"适宜性"，同时也说明了合作社按产品分类、在时间上分期研究的重要意义。

尽管存在上述可能的创新之处，但是本书既涉及新古典经济学、福利经济学、新制度经济学等经济学领域，还涉及社会学、管理学等学科，由于笔者的时间和能力有限，在一些方面仍存在不足。首先，目标函数的假设比较严格。如果放松信息对称的假设，合作社对成员产品的支付就不能为零。对目标函数的进一步精炼是未来期待继续的工作。其次，限于数据的可得性，在实证研究中未能检验产权对合作社效率的影响，对合作社生产率差异的解释也缺乏严谨的计量分析。最后，没有考虑合作社与投资者所有企业之间的效率比较，也没有对非营销合作社的效率问题进行深入探讨。尽管营销合作社是最重要的，但是其他类型合作社的效率问题也不能忽视，且与营销合作社存在某些质的差异。因此，今后有必要对其他类型的合作社效率作出有益的探讨。我们期待在今后的工作中努力改进上述不足。

2   合作社效率评价的理论基础

理论基础是进行科学研究的基石。同时，理论的构建来源于对前人理论的扬弃、借鉴、提炼和对客观现实的深入思考。因此，本书所做研究在构建合作社效率的理论分析框架之前，首先对效率和与效率相关的理论，以及与后文分析相关的合作社基本理论成果进行梳理和分析。根据既定的研究内容和逻辑推演，可供本书借鉴的理论资源有：效率理论（从古典、新古典、现代经济学的效率理论等方面进行梳理，以一种发展的眼光从宏观上把握效率理论的演进趋势）、效率相关理论（主要阐释分工理论、规模经济理论、激励理论和市场理论，这些理论是后文合作社效率影响因素分析的理论基础）和合作社基本理论（重点综述新古典理论和新制度经济学视角下的合作社理论，这是本书研究合作社效率的基础）。下面依次对相关理论进行阐述。

2.1   效率及相关理论

2.1.1   效率理论

2.1.1.1   古典经济学的效率理论

早在 1776 年，亚当·斯密（Adam Smith）就发现"看不见的手"能促进效率提升。他在《国民财富的性质和原因的研究》一书中指出，任何人将资本投于工业都是为了获取利润，而趋利原则使人们努力生产出最大的价值。与此同时，人们也为社会提供了收入，尽管人们无意于提高公共利益。实际上，正是"看不见的手"引导人们去提高实非其本意的结果(亚当·斯密,1974)。斯密经典的"看不见的手"理论强调了市场在经济生活中的重要地位。从资源配置的角度来看,主观上的个人利益最大化动机,在"市场机制"的引导下促进了客观上的社会福利增加,这实际上是一个实现最佳社会资源使用效率的过程。

斯密"看不见的手"理论的背景是商品经济的初级阶段,其理论假设是"单个企业利润最大相加等于社会最优"。但是,在现实中,个体单纯追求经济利益并不一定能实现社会总福利最大化。

2.1.1.2　新古典经济学的效率理论

新古典经济学的效率理论兴起于19世纪70年代,以杰文斯(Jevons)、门格尔(Menger)和瓦尔拉斯(Walras)为代表的"边际学派"承袭了古典经济学的思想。该学派以市场价值规律为基础,运用"边际"、"均衡"等核心概念,提出了资源配置的效率标准。在经济活动中,资本的逐利性特点决定了资源将由获利较少的用途转入获利较多的用途,当资源的流动无法带来更好的收益时,资源配置效率也达到最优。该学派的理论假设可以概括为:边际收益相等将导致社会资源配置最优。

马歇尔(Marshall)在《经济学原理》中首次提出了均衡价值论。庇古(Pigou)的《福利经济学》(庇古,2006)在马歇尔边际效用价值论的基础上对效率标准进行了阐述。针对资源配置效率,他认为,当私人边际净产值和社会边际净产值相等,并且国民经济各个部门的边际净产值相等时,经济资源在各部门之间的配置实现效率状态。针对收入分配效率,他认为,当社会所有成员的货币收入都相等时,其货币的边际效用也是相等的,此时即可实现收入分配的效率状态。

帕累托(Pareto)提出的帕累托最优或帕累托效率认为,对于某种资源的配置,如果不存在其他生产上可行的配置,使得该经济中的所有个人至少和他们的初始情况一样良好,而且至少有一个人的情况比初始情况严格地更好,那么资源配置就是最优的。萨缪尔森(2008)的效率观点是,经济在不减少一种物品生产的情况下就不能增加另一种物品生产时,它的运行便是有效率的。实际上,萨缪尔森的这种观点与帕累托的思想基本相同。只是帕累托从资源配置出发,而萨缪尔森从商品组合的分配角度考虑效率问题。

新古典经济学效率理论的核心是市场配置效率。经济学者们假设,企业内部的运作总是有效率的。因此,他们并不关心企业的内部结构,对效率的关注集中于企业外部,关注稀缺资源在市场完全竞争之下的配置效率,并形成了完整的市场配置效率理论。然而事实上,企业内部由于管理不善等原因难以实现有效率。

2.1.1.3　Farrell 的效率理论

Farrell(1957)将效率研究的重点由新古典经济学的市场效率转为企业效率,并最早系统地研究了企业效率。他将企业效率分为两部分:技术效率和配置效率,前者反映的是在给定各种投入的条件下实现最大产出的能力;后者(Farrell 称为价格效率,price-efficiency)反映的是在给定投入价格时企业以合适的比例使用各项投入的能力。这两部分效率组成总的经济效率(Farrell 称为综合效率,overall efficiency)。

Farrell 详细分析了企业在两种投入、一种产出的情形下的技术效率和配置效率。如图 2.1,SS' 表示完全有效率的合作社一单位产出所使用这两种投入要素的可能组合,AA' 表示两种投入要素的价格比率。P 点是技术无效率点,线段 QP 代表了合作社的技术无效率,投入由 P 点等比例降低到 Q 点,产出相同。通常用 QP/OP 表示产出相同的情况下投入可以缩小的比例,故合作社的技术效率(TE)可由下述比例得出:$TE = OQ/OP = 1 - QP/OP$。技术效率(TE)的取值在 0 和 1 之间,TE 的值越小,表示技术效率越低;而 TE 值越大,表示技术效率越高;当 TE 等于 1 时,则表示合作社是完全技术有效率的。技术有效率的所有点构成生产前沿面,即曲线 SS'。如果已知投入价格比(如图 2.1 中的 AA'),则 P 点的配置效率(AE)为:$AE = OR/OQ$。笔者进一步指出,总的经济效率(EE)由技术效率(TE)和配置效率(AE)构成,有:$EE = OR/OP = (OQ/OP) \times (OR/OQ) = TE \times AE$。

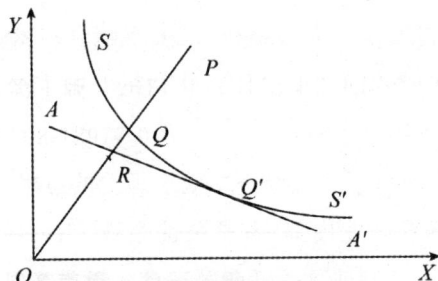

图 2.1　技术效率和配置效率

Whitesell(1994)认为，经济效率指一种经济在既定目标下的生产能力，它可以区分为技术效率和配置效率。技术效率指在既定的技术和投入条件下，实际产出与潜在产出之间的比较。配置效率指投入要素的组合按照成本最小的方式进行，即根据各要素在不同使用方式下的边际要素替代率相等的方式进行。一种经济可以具有较高的技术效率但配置效率却较低，也可能具有较高的配置效率但技术效率较低。Kalirajan 等(1999)也认为经济效率是技术效率和配置效率的综合反映。他指出，技术效率是指企业在既定的技术和环境下，投入一定时生产最大可能产出的能力。配置效率指在现行的要素市场供求条件下，企业为获得最大收益而使用不同要素的数量比例的能力。

总之，Farrell 的效率理论主要关注企业效率，并从理论上进行了较为详尽的分析。不过，企业往往首先利用现有资源，而不是对其重新组合进而从降低成本中获益，因此，在实证研究中针对技术效率的研究较多(Rawson，2001)。

2.1.1.4　X效率理论

莱宾斯坦在 1966 年发表的《配置效率与 X 效率》一文标志着 X 效率理论的产生。他将 X 效率定义为：这种低效率并非由于企业资源配置低效等原因引起，而是受企业员工的工作态度、企业管理行为、市场竞争状况等未知因素影响，其真正的形成原因是未知的，故而称为"X 效率"。因此，X 效率代表着"来源不明的非配置效率"，可理解为低效率。1976 年，莱宾斯坦在《超越经济人》一书中提出了比较完善的 X 效率理论体系。自莱宾斯坦提出 X 效率理论之后，其追随者弗朗茨(1993)等对其理论进行了推进。弗朗茨指出，X 效率研究的是企业内部和市场外部，并且对市场行为的研究方法不能引入到企业内部。Frei 等(2000)界定的 X 效率为"除规模和范围影响之外的所有技术和配置效率之总和，是关于整合技术、人力资源及其他资产来生产给定产出的管理水平的测度，衡量的是控制成本和使产出最大化的企业管理能力的差异"。

X 效率理论没有延续新古典经济学效率理论的思想，两者最大的区别是，前者着眼于市场外部和企业内部，着重关注企业内部的组织效率；而后者把企业视为"黑箱"，着眼于企业外部和市场内部，重点关注市场配置效率。但是，X 效率理论并不是决意推翻新古典效率理论，而是对其进行修正和补充。

一方面,前者把人的行为引入经济分析,所提出的假设更实际、使用范围更广泛;另一方面,前者所研究的企业效率与后者所研究的配置效率是相互影响的。

2.1.1.5 我国经济学者的效率论述

樊纲在《公有制宏观经济理论大纲》(樊纲,1994)一书中给经济效率下的定义是:"社会利用现有资源进行生产所提供的效用满足程度,因此也可一般地称为资源的利用效率"。需要注意的是,它不是生产多少产品的简单的物量概念,而是一个效用或者社会福利概念。厉以宁(1999)认为,效率是资源的有效使用与配置,一定的投入有较多的产出或一定的产出只需要较少的投入,意味着效率的增长。肖劲、马亚军(2004)总结了经济学中的效率,认为效率主要由三层含义构成:一是指微观主体以投入和产出之比表示的效用,即成本与收益的对比关系;二是指经济主体在追求微观效率的同时是否带来了全社会资源的合理利用,经济资源是否在不同的生产者和生产目的之间得到了有效配置,即资源的配置是否达到了帕累托效率;三是指引导微观效率向配置效率转化的制度效率,即现有制度安排对微观效率和配置效率的影响,以及在此基础上对经济制度本身的效率评价。

综上所述,虽然学者们从不同角度、不同层面对效率有多种定义和理解,既可以理解成一种追求低投入、高产出的经济行为,也可以认为是一种实现"帕累托最优"的内在能力。但从效率的本源意义来看,最核心的命题是产出与各项投入之比率。

2.1.2 与效率相关的理论

经济理论界一直致力于对影响效率的基本因素进行研究。效率研究所涉及的与其相关的理论包括分工理论、规模经济理论、激励理论、创新理论、市场理论等。下面对这些理论分别进行阐述。

2.1.2.1 分工理论

古典经济学的代表亚当·斯密认为,财富的增长决定于两个条件:其一是人口和资本的增加,其二是分工和专业化促进了劳动生产率的提高。他在《国富论》中强调,分工是有助于提高生产力的最重要条件,但分工受到市场规模的限制。1928 年英国经济学家杨格(Young)的《报酬递增与经济进步》

(Young,1928)一文,发展了斯密关于分工与市场规模之间关系的思想,认为分工能扩大市场规模,通过分工—市场自我循环,可以实现经济增长。20世纪80年代以来,以杨小凯、罗森(Rosen)、贝克尔(Becker)、博兰(Borland)和黄有先等为代表的经济学家运用超边际方法,将古典经济学的"分工和专业化"思想转化为经济数学模型,并将分工、交易费用和一般均衡的分析工具纳入经济聚集的研究之中,使得经济增长及增长过程中各方面的解释能力达到了前所未有的高度。

分工与专业化对效率提高的作用原理主要体现为：(1)增进劳动者的熟练程度,即亚当·斯密所说的"劳动者的技巧因业专而日进";(2)使复杂的劳动过程分解为较简单的操作活动,节省了学习和培训的费用;(3)为创新提供了条件,有助于新技术的发明和采用。此外,杨小凯和黄有光(1993)还证明了分工可以增加整个社会获取知识和累积知识的能力。

2.1.2.2 规模经济理论

规模经济理论始于亚当·斯密的理论：分工提高生产效率,而规模越大的企业分工越细。传统规模经济理论的代表人物马歇尔对规模经济有较为系统的论述,他在《经济学原理》(马歇尔,2005)一书中提出："大规模生产的利益在工业上表现得最为清楚。大工厂的利益在于：专门机构的使用与改革、采购与销售、专门技术和经营管理工作的进一步划分。"他还进一步根据规模经济的形成途径,将其细分为两种：(1)内部规模经济,即由单个企业对资源的充分有效利用、组织和经营效率的提高而形成;(2)外部规模经济,即由多个企业之间因合理的分工与联合、合理的地区布局等形成。此外,马歇尔还发明了著名的"马歇尔冲突",即规模的扩大将带来垄断问题,而垄断将使市场失去"完全竞争"的活力。马克思的规模经济理论(马克思,2004)认为,扩大规模是提高劳动生产率的有效途径。萨缪尔森在《经济学》一书中指出："生产在企业里进行的原因在于效率通常要求大规模的生产、筹集巨额资金以及对正在进行的活动实行细致的管理与监督。"(萨缪尔森,2008)

但根据成本理论的观点,企业规模并不能无限制地扩大,因为开始时随着规模的扩大,企业生产成本是不断降低的,直到实现适度生产规模。此后如再继续扩大规模,则会因管理上的不经济而导致成本增加、效率降低。

2.1.2.3　激励理论

在人类社会发展过程中,劳动分工与交易的出现带来了激励问题。激励理论是关于如何满足人的各种需要、调动人的积极性的原则和方法的概括总结。在西方,对激励理论的研究已经形成了由管理学和经济学共同组成的激励理论体系。其中,管理学激励理论着眼于对人性的研究,而经济学激励理论则着眼于对关系的研究。出于实用主义目的,本节主要阐述经济学中的各种激励理论,具体包括产权理论、委托—代理理论和人力资本理论。因为这些经典理论将在后面的研究中用到,是后文有关分析的理论基础。

(1)产权理论

产权本质上是一种界定人们如何受损或收益的权利约束。新古典经济学认为,产权是一种外生的制度安排,且这种制度目标是既定的,因此企业产权并不重要,这使得经济学理论界长期忽略了产权制度对经济效率的影响。科斯首先关注到产权清晰的重要性,并且首次将交易费用概念引入到经济学分析,奠定了现代西方交易费用和产权理论的基础。他在《企业的性质》(Coase,1937)一文中指出,企业是一种不完全契约,契约的不完全性意味着"企业所有权"问题必然存在。因此对企业目标而言,谁拥有所有权是非常重要的。1960年,科斯在《社会成本问题》(Coase,1960)一文中进一步论证了产权对企业效率的影响和作用。他通过"失散的牛群毁坏相邻土地作物"的案例,得出了著名的科斯定理[①]:只要产权是明确的,并且交易费用为零或者很小,那么,无论在开始时将产权赋予谁,市场均衡的最终结果都是有效率的,实现资源配置的帕累托最优。然而制度是不完善的,所以这种情况是不现实的,因此产权的界定和构成会对企业效率产生直接影响。科斯定理表明,不论以何种方式分配产权,产权明晰化都可以作为促进效率实现的重要手段之一。

现代西方产权理论的核心是研究通过如何安排产权,来降低市场运行中的交易费用,以提高经济运行效率,改善资源配置。产权经济学家认为,产权可以分为公有产权和私有产权。在公有产权下,一方面,共同体内的每一成

---

①　斯蒂格勒在其1966年出版的《价格论》一书中首次将企业产权与企业效率关系的理论称为科斯定理。

员都有权平均分享共同体所具有的权利，这就使得共同体内的任何一个所有者都无法排斥其他人来分享努力的果实，即产权无法具有排他性特征；另一方面，成员在最大化地追求个人利益时，所产生的成本有可能部分地让其他成员来承担。总之，公有产权由于产权不明晰，导致没有人会节约地使用公有资源，又由于人数众多、利益多元，具有较高的谈判成本和监督成本。因此公有产权将导致低效率。而私有产权由于具有明确的权责主体，会有较高的治理效率，从而能实现资源的优化配置。新产权学派则主张企业所有权的实质为剩余控制权，这个权利归属于产权的所有者，剩余控制权是影响企业效率的关键。

（2）委托—代理理论

委托—代理理论是 20 世纪 60 年代末 70 年代初一些经济学家为研究企业内部信息不对称和激励问题而发展起来的。最早提出委托人和代理人概念的罗斯（Ross，1973）这样解释："如果当事人双方，其中代理人代表委托人的利益行使某些决策权，则代理关系就随之产生。"而詹森和麦克林（Jensen & Meckling，1976）的定义是："一个人或一些人（委托人）委托其他人（代理人）根据委托人利益从事某些活动，并相应地授予代理人某些决策权的契约关系。"在这一关系中，委托人和代理人的关系是一种经济利益关系，其中主动设计契约形式的当事人称为委托人，而选择接受或拒绝这种契约形式的人称为代理人（Williamson，1975）。

委托—代理理论的基本假设之一是人是理性的，无论是委托人还是代理人都追求自我利益和效用的最大化。在"理性经济人"的假设和"信息不对称"的经济环境下，代理人可能从自身利益出发，采取某些机会主义和利己的行为，从而实现个人利益最大化，但这种行为目标往往会背离委托人的利益。为解决这一问题，即由信息不对称、委托人与代理人的目标函数不一致所导致的代理成本问题，委托人需要采取一些收益分配激励手段，以使代理人最大限度地实现委托人的目标（李维安，2001），亦使代理人的目标函数与委托人的目标函数趋于一致。这里，代理成本的大小取决于监督与约束的难易程度，以及委托人和代理人利益的一致性程度。监督越容易，利益越趋同，代理成本就越低，从而组织经营效率就越高；反之，则代理成本越高，组织经营效率就越低。

（3）人力资本理论

20 世纪 60 年代,美国经济学家舒尔茨（Schultz）和贝克尔（Becker）创立了人力资本理论。他们认为经济增长不仅要考虑物质资本,更要考虑人力资本,人力资本对经济成长具有重要的推动作用。西方经济发展的主要动因之一就是人的因素,是人的经验、技能、专业知识和其他精神存量（舒尔茨,1990）。舒尔茨对人力资本的贡献是开创性的,但他主要侧重于人力资本的宏观研究,贝克尔则着重从微观角度对人力资本进行研究,并提出了较为系统的人力资本理论,即:①人力资本的生产理论;②人力资本的分配理论;③人力资本与职业选择问题。20 世纪 80 年代中期以后,以罗默为代表的新经济增长理论研究了在技术内生和收益递增的假定下,经济增长的原因及增长率的国际差异等问题。他们认为,各国人力资本水平差异是导致各国经济增长率差异的主要原因,也是微观经济组织绩效存在差异的原因。

罗森（Rosen,1985）研究了人力资本的产权特性,认为人力资本的所有权"仅限于体现它的人"。这是一种独一无二的所有权（周其仁,1999）,并且这种所有权只能不可分割地属于其载体;这个载体不但必须是人,而且必须是活生生的个人。[①] 人力资本天然属于个人的特性,使得人力资本的产权权利一旦受损,其资产可以立刻贬值或荡然无存（周其仁,1999）。"人力资本与其所有者不可分离"的特性使激励问题成为一个永恒的主题。而激励（包括负激励）的内容,就是把人力资本开发利用的市值信号（现时的或预期的）传导给有关的个人,由他或她决策在何种范围内、以多大的强度利用其人力资本的存量,进而决定其人力资本投资的未来方向和强度（周其仁,1999）。

2.1.2.4　创新理论

熊彼特（Schumpeter）在他 1912 年出版的《经济发展理论》（熊彼特,1997）一书中首次提到"创新"一词,并将创新定义为企业家把一种从来没有过的生产要素和生产条件进行重新组合,进而建立一种新的生产函数。而 1942 年《资本主义、社会主义和民主主义》（Schumpeter,1942）一书的出版,标志着熊彼特"创新理论"体系的形成。他强调创新活动对企业发展的重要性,并指出创新应该包括以下五个方面的主要内容:（1）引进一种新的产品或提供一种

---

① 见马克思:《哥达纲领批判》,载《马克思恩格斯选集》第三卷,人民出版社 1972 年版,第 12 页。

产品的新质量；(2)引进新技术或采用一种新的生产方法；(3)开辟一个新市场；(4)采用一种新原料或控制原材料的一种新供应来源；(5)实行一种新的企业组织，如造成或打破一种垄断地位。他强调了生产技术的革新和生产方法的变革在资本主义经济发展中的重要作用，认为创新是经济发展的动力和源泉，没有"创新"就没有资本主义的发展。

自熊彼特之后，创新理论开始向两个方向发展，形成了两个主要学派。一是技术创新学派，二是制度创新学派。

始于 20 世纪 50 年代后期，以曼斯菲尔德、卡罗和施瓦茨等为代表的新熊彼特学派坚持熊彼特传统，强调技术创新和技术进步在经济发展中的核心作用，并认为企业家是推动创新的主体。20 世纪 70 年代以来，对技术创新的研究进一步深入，并开始形成系统的创新理论。弗里曼在他 1974 年出版的《工业创新经济学》(弗里曼等，2004)一书中建立了第一个系统的创新经济学理论体系。他认为，技术创新是经济增长的主要动力，同时强调了科学技术政策对技术创新的刺激作用。Stoneman(1976,1983)认为，同一国家、同一地区和同一产业中的不同企业对新技术的采用速度有快有慢，同一创新成果在不同国家的扩散速度不同，在同一国家的不同地区也存在差异。而 20 世纪 90 年代中期以来，相继产生了一些新的技术创新发展观和理论，如技术创新生态化理论、技术创新社会资本理论、技术创新博弈理论、技术创新国际化理论、技术创新复杂化理论等。这些理论的出现，为"新经济"发展中的技术创新实践提供了理论基础。

20 世纪 60 年代，戴维斯和诺斯等把熊彼特的创新理论与制度学派的理论结合起来，发展成为一门制度创新理论。诺斯和托马斯在 1973 年出版的《西方世界的兴起》(诺斯、托马斯，2009)和 1994 年出版的《制度、制度变迁与经济绩效》(诺斯，2008)等著作中，构建了一个完整的理论框架，重点分析了经济发展中的制度创新和制度安排，认为制度创新是使创新者获得追加收益的对现存制度安排的一种变革，实际上是权利和利益的转移和再分配。拉坦(1994)建立了制度创新诱致性模型。该模型认为，制度创新是由个人或一群人，在响应获利机会时自发倡导、组织和实行的。诱致性制度变迁必须由某种在原有制度安排下无法得到的获利机会引起。林毅夫(2001)将制度变迁分成两种类型：诱致性制度变迁和强制性制度变迁。诱致性制度变迁指的是一群(个)人在响应由制度不均衡引致的获利机会时所进行的自发性变迁;强制性制度变迁指的是由政府法令引起的变迁。

总体来看,尽管技术创新是技术上的新发展和新发现,而制度创新是通过组织形式的变革和经营管理的改进来实现,但两者都是创新理论的组成部分,都是采用一种新的发明。并且,无论是技术创新还是制度创新,对经济效率的作用主要体现在能为企业提供快速、持续发展的动力,是企业改善市场环境和利用企业剩余生产能力的重要手段;是企业加速新技术、新材料和新工艺的应用,降低产品成本,提高生产效率和企业竞争力的有效途径;是全方位提高企业素质的最有效方式之一。

2.1.2.5　市场理论

经济学上的市场理论始于古典经济学家亚当·斯密的《国富论》。在《国富论》中,斯密的"看不见的手"理论明确强调了市场对效率的促进作用。此后,新古典经济学所形成的市场价格理论则强调了市场价格机制调节作用对经济效率增长的重要影响,认为只有通过市场价格机制的调节,才能使各种生产要素得到合理配置,进而实现经济效率的提升。市场机制的本质是竞争,因此市场竞争与效率的关系成为现代经济学家反复求证的理论命题,并逐渐成为经济学界的共识,即"完全竞争市场的效率最高,垄断竞争市场、寡头垄断市场次之,完全垄断市场最低"。换言之,竞争对市场运行有积极的作用,能促进效率和公平,进而促使社会福利的增加;而垄断则对市场运行有消极的作用,可能导致低效率和不公平,有损于社会福利。然而,由于过于严格的假设条件只具有理论意义,完全竞争市场在现实世界中几乎不可能出现。

美国经济学家鲍莫尔(Baumol)、潘扎尔(Panzar)、威利格(Willig)等人拓展了"完全竞争市场有效率"这一理论命题,于1982年提出了可竞争市场理论。可竞争市场是指来自潜在进入者的压力,对现有企业的行为施加了很强约束的那些市场。在这一市场上不存在严重的进入障碍。由于潜在进入者的压力使得现有企业不能获得超额利润,这样其定价和生产资源配置都能实现有效率,即这种可以进入的潜在竞争威胁可促使市场中的企业提高其自身效率。该理论的价值在于其阐明了即使完全竞争市场结构的前提假设不成立,市场上的企业也会由于潜在竞争的威胁而不会制定垄断高价,只能制定一种可维持的价格以获得平均利润。总之，市场的可竞争性将使企业内部自上而下产生一种外部压力，迫使企业降低成本并提高效率。

2.2　合作社理论

合作社理论渊源久远，有关合作社的最早研究可追溯至 19 世纪上半叶各种合作思想的创立。随着合作社实践逐步发展成熟，自 20 世纪后期以来，合作社理论研究逐渐成为现代经济学理论的一项重要内容。

从合作社理论的发展历程来看，可以分为三个阶段：第一阶段为早期的合作思想发展时期；第二阶段始于 20 世纪 40 年代，新古典理论被引入合作社理论研究，研究重点从合作社的外部效果转为合作社微观模型的设定和合作社市场绩效或效率的评价；第三阶段是 20 世纪 60 年代以后，尤其是 90 年代以来，新制度经济学框架下的大量新理论（如交易费用理论、产权理论、委托代理理论、博弈论等）涌入合作社理论研究领域，对合作社的组织制度进行深入分析和评价。

本节分析的主要目的是为后文研究合作社的经济效率及其影响因素提供研究视角、理论基础和方法来源。因此，下面主要阐述与后文相关的合作社理论。

2.2.1　早期的合作社理论

为准确深入理解合作社理论，我们有必要考察合作经济理论的根源。合作思想源于 16 世纪初在欧洲产生的空想社会主义思想。19 世纪，随着空想社会主义进入繁荣时期，合作思想的理论体系得以形成。英国空想社会主义者欧文（Owen）被后人尊为"合作经济之父"，他于 1817 年在《致工业贫民救济委员会的报告》中率先提出了关于"合作公社"的构想。在其晚年的著作《世界道德书》中，他对合作社进行了较充分的论述，提出合作社是理想社会的基层组织，是"全新的人类社会组织的细胞"（Wilber & Jameson，1983）。而法国社会主义思想家傅立叶在 1829 年发表的著作《经济的新世界或符合本性的协作行为》中提出建立一种合作组织——"法郎吉"（Phalange）。"法郎吉"用股本形式保存私有制，其收入根据劳动、资本、才能（包括管理的才能）按 5：4：3 的比例进行分配。欧文和傅立叶的合作经济思想是人类的宝贵财富,启发了人们对合作经济思想的进一步研究(Williamson,1981)。

对合作社理论的经济学研究始于20世纪20年代,主要集中于研究合作社的外部性方面。其中代表性人物是加利福尼亚学派的萨皮罗(Sapiro)和竞争尺度学派的诺斯(Nourse)。萨皮罗针对20世纪20年代美国农业的不景气提出了农业合法垄断思想。他主张根据农产品的种类不同,自上而下建立合作社,以增强农业生产者在市场中的力量,进而提高其收益。他还认为合作社应建立中央集中控制的体制,由专家管理合作社的运营。与萨皮罗的观点不同,诺斯反对农业垄断。他主张在非生产领域组建合作社,使其充当一个市场竞争尺度的角色,以促进竞争,提高市场的整体效率。他指出合作社应进行民主管理,政府只需为合作社提供必要的法律保障而不是直接干预。他还认为衡量合作社成功与否的标准应该是其绩效,而不是规模。

比较来看,萨皮罗的重点在于保护农业生产者的利益,而诺斯的理论重点在于维护市场竞争。但不论持何种观点,他们都一致认为合作社有存在的必要,能够提高市场的效率,政府应该提供政策支持。并且他们的论述为其后合作社的实践提供了理论基础。

2.2.2　新古典理论视角下的合作社理论

在新古典经济学框架下,合作社往往被视为一种企业的形式,一种区别于投资者所有企业(IOF)的治理结构,一种在市场中同样从事经济活动并以盈利为目的的企业(梁巧、黄祖辉,2011)。该视角下的经济学家一般视合作社为纵向一体化的一种形式、一个独立企业或企业联盟这三种形式的一种。他们主要通过设定合作社的目标函数,构建其经济行为模型,并利用均衡分析和边际分析方法来揭示合作社的经济本质。下面将对具有代表性的相关合作社理论文献进行综述。

艾米利亚诺夫(Emelianoff,1942)是第一个将合作社作为纵向一体化的一种形式进行模型分析的学者。在他的理论模型中,合作社是一个包括多个经济单位的集合,其中合作社社员为委托人,合作社为代理机构,理事会是社员的代表,拥有管理职能。Robotka(1947)对Emelianoff的垂直一体化框架进行了完善。Phillips(1953)最终建立了这一框架下的合作社产出和价格决策模型。在该模型中,社员的决策原则是使其边际成本等于合作社的边际收益,这样每个成员可实现利润最大化。其中隐含的假设是:(1)存在社员和合作社企业的联合利润最大化;(2)当每个社员实现生产均衡时,合作社也可实现最优规模。

恩克(Enke,1945)首先提出合作社是一个企业的观点,并着重分析了消费合作社与经济效率的问题。他认为,消费合作社应追求净的消费者剩余最大化,这能够提高合作社总的经济福利,同时合作社与一般企业一样追求利益最大化。此外,笔者还注意到合作社的目标函数在决定合作社效率中的重要作用。社员既是投资者又是惠顾者,与合作社存在双重关系,这就意味着合作社的目标是使社员在两种角色下的收益均最大化。因此,均衡(产出)应在合作社的收益和惠顾者的收益总和最大化的点上,即均衡点为合作社的边际成本曲线与惠顾者的需求曲线之交点处。这就是所谓的"福利最大化解决方案"(welfare maximizing solution)(Levay,1983;Sexton,1995)。然而"福利最大化解决方案"只有在满足如下两个条件时才具有可行性:(1)固定的惠顾额;(2)利润分配不是作为鼓励成员需求的价格折扣,而是作为意外获得的横财(Staatz,1989)。此外,由于合作社具有多目标性,该模型无法实现一个稳定的均衡。

Clark(1952)认为,合作社一方面像企业一样追求合作社的利益最大化,另一方面又需满足社员利益最大化,同时实现这两个目标是非常困难的。如果合作社仅像企业一样追求自身利益最大化,将无法实现社员利益最大化。但如果合作社单纯以社员收益最大化为目标,则将无法实现社会资源配置最优。笔者还认为,营销合作社与购买合作社的目标是不同的,前者追求的是价格最大化,而后者则相反。

Helmberger 和 Hoos(1962,1965)将合作社视为企业的一个子类,其决策主要由经理人所主导的"高级协调者"(peak coordinator)来完成。首先,Helmberger 和 Hoos 界定了几个基本假设:(1)社员把全部产品交给合作社;(2)所有社员均追求利润最大化,并存在 U 型成本曲线;(3)社员和合作社均是市场中的价格接受者;(4)合作社销售社员的全部产品;(5)社员人数固定。随后他们用边际分析法推导出合作社长期和短期均衡价格和均衡产出,并指出合作社通过将其利润根据社员的惠顾量(额)按比例返还给社员来实现其最优目标。这种方法背后隐含的一个前提是,合作社的管理者能把所有社员的偏好聚集成一个清晰的目标。相对于 Enke 的均衡而言,Helmberger 和 Hoos 的方法对合作社目标函数本质的解释更具稳定性,但不具有帕累托效率。

Featherstone 和 Rahman(1996)总结了 Enke(1945)、Clark(1952)以及 Helmberger 和 Hoos(1962,1965)的观点,并将三者所表述的合作社目标用同一图形进行描述(见图 2.2)。假设销售市场是完全竞争的,则点 A 代表 Enke 的收益最大化解决方案,即边际收益(MR)等于平均收益(AR)等于边际成本(MC);点 B 代表 Clark 的解决方案,即平均成本最小(AC);点 C 代表 Helmberger 和 Hoos 的解决方案,即社员需求与平均成本的交点。

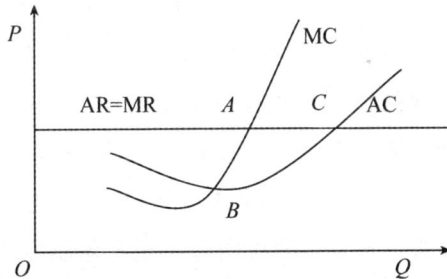

图 2.2　三种合作社最优行为理论

Feinerman 和 Falkovitz(1991)构造了一个多目标服务型合作社的运作模型。在该模型中,社员既是生产者又是消费者,合作社为社员提供其所需的服务。在合作社社员具有同质性,其效用函数和生产函数均无差别的假设条件下,推导出了实现帕累托最优的价格和税收组合方案。此后 Choi 和 Feinerman(1993)拓展了 Feinerman 和 Falkovitz(1991)的模型,研究了社员异质性对合作社帕累托最优定价的影响,并进一步推出了合作社在不同条件下的帕累托最优定价计划。该文献对理解不同投入分配和社员政策条件下合作社最优服务定价计划的确定做出了重要贡献。

Alback 和 Schultz(1997)运用新古典理论和投票理论构建了一个投资模型,以研究农民营销合作社的投资决策。在成员理性、熟知各自成本函数、合作社的成本恒定等假设条件下,该模型的分析结论表明,"一人一票"的民主投票方式与效率之间并没有矛盾;在不考虑投票方式的情况下,根据社员业务规模大小分担成本的方式是最有效率的；只要投资的规模影响合作社的总收益，那么留存收益将影响该项投资的融资方式，进而导致效率扭曲。该模型将研究对象聚焦于农民营销合作社，并拓展了早先研究合作社投资决策方面的理论工作，但没有考虑社员"搭便车"问题及眼界问题等。

Royer 和 Smith(2007)建立了一个加工合作社的动态模型，指出合作社所追求的目标不同，对农户和市场产生的影响可能存在差异。合作社通过将较高收益返还给社员，一方面可使社员得到较高收入，进而促进产出水平的扩大；另一方面将使产出水平超过社员利益最大化的均衡产出，从而使产品的市场价格下降。当然，产出水平的扩大也将加剧产品销售市场的竞争程度。该结论启示我们，在判定合作社的绩效以及对市场和农户的效应时，应考虑合作社的目标及合作社能否有效调节社员的产出水平(梁巧、黄祖辉，2011)。

新古典经济学视角下的合作社理论为我们研究合作社的经济行为和市场中的组织效率或绩效提供了理论基础和分析工具，其理论框架比较严谨，但却是建立在一系列严格的假设条件之上的，如市场完全、交易费用为零、市场价格机制能够使资源配置实现帕累托最优等。然而现实情况并非如此。所以新古典理论模型难以对众多的现实经济现象做出令人信服的解释，合作社理论研究需要对现实世界的新的"解释力"，即新的研究方法。

2.2.3　新制度经济学视角下的合作社理论

近些年来，新制度经济学异军突起，并在合作社理论研究中被广泛应用，逐步成为解释合作社内部组织效率问题及内部制度变迁问题的新的分析工具，这使得合作社理论研究取得了长足进展。为了后文研究的需要，从如下几个方面对相关研究成果进行综述。

在合作社的产生原因方面，新古典经济学视角下的学者一般从市场失灵的角度去解释合作社的出现(Baumol et al.，1977)，而新制度经济学框架下的学者们主要从交易成本的角度进行分析。交易成本经济学家威廉姆森(Williamson，1975，1985)将交易成本区分为搜寻成本、信息成本、议价成本、决策成本、监督成本和违约成本，并指出交易成本的产生主要来源于交易本身的四项特征：资产专用性(asset specificity)、不确定性(uncertainty)、交易频率(frequency of transaction)、买者与卖者的数量。通常经济学者从如下方面来阐释农民合作社出现的原因：首先，农产品的生产特点，如畜群、机械等农业投资的可转换性较差（Staatz，1984），其生产活动对季节、气候等自然条件具有较强的依赖性（Hansmann，2000）等，这使农业资产专用性较明显（Staatz，1987）。其次，合作社可较好地处理单个农户所面临的不确定性（Fulton，1995）。再次，合作社有利于减少交易频率（Sexton & Iskow，1988）。最后，合作社可在农户购买生产资料和销售农产品方面协调产品的供给和需求，以降低交易费用（Staatz，1984）。

在合作社的本质特征方面，Vitaliano（1983）借鉴代理理论的观点，重点分析了合作社中的剩余索取权性质及代理人之间的决策分配问题。笔者认为合作社的决策管理功能和决策控制功能都难以得到较好的执行，并总结了合作社剩余索取权（residual claims）的三个特点：（1）仅限定于惠顾群体；（2）是一种选择性权利；（3）既不可转让，也不可分离。这些特点对合作社的绩效和效率有重要的含意。Levay（1983）讨论了合作社的剩余索取权和剩余分配权的分配问题。他认为合作社是基于人的联合，因此资本贡献不能构成合作社投票权的基础；资本可以获得报酬，但剩余索取权应按比例归使用者所有。Staatz（1987）认为合作社具有如下特征：（1）股东是合作社的主要使用者；（2）资本报酬与其对合作社的惠顾联系在一起；（3）实行管理民主，采取一人一票的投票方式而不是与资本投资成比例。Staatz（1989）认为合作社的剩余决策权和所有权由所有社员共有，但决策管理权则不尽一致，合作社可能采取社员"一人一票"、"一人多票"或"一股一票"的决策原则，有的合作社甚至是由核心社员代为决策。Eilers 和 Hanf（1999）认为合作社中存在双向委托和代理关系：当合作社管理者向社员提供合约时，管理者是委托人；而当农户向管理者提供合约时，社员成为了委托人。

在合作社的内部制度方面，库克（Cook，1995）认为，合作社"基于使用而不是基于投资"的产权安排使合作社产权具有模糊性的特点，并指出了传统合作社与产权有关的五个问题，即搭便车问题、短视问题、投资组合问题、控制问题和影响成本问题。他还指出合作社的产权制度也会造成对长期项目缺少投资激励，因此合作社的出路在于对产权问题的纠正和解决。进一步地，他提出了两个新的合作社模式，即资本寻求实体型合作社与投资者共享型合作社，以吸引外部权益资本，解决传统合作社由于产权不清晰而导致的资本缺乏。Fulton(1995)提出改善合作社的产权安排可以使合作社持续发展。Harris 等(1996)则提出通过建立合作社股份的二级市场，允许合作社股份转让来提高社员的投资激励和改善资产组合。Hueth 和 Borgen(2003)将库克提出的五个方面的问题统称为激励问题，其中搭便车问题、短视问题和资产组合问题与投资激励相关，而控制问题和影响成本问题与决策相关。

在合作社的经济行为方面，Hendrikse 和 Veerman(2001a)认为合作社是一种生产者所有企业，并运用交易成本理论讨论了营销合作社的财务结构和社员控制权的关系。Hendrikse 和 Veerman(2001b)运用不完全契约理论解释了营销合作社的治理结构选择和投资决策问题，并指出了哪种治理结构最能使成员的投资受益。Hendrikse 和 Bijman(2002)拓展了 Hendrikse 和 Veerman(2001b)的研究，分析了在何种市场和激励组织下，生产者进行后向一体化投资是有利的，并得出了在确定投资状态下哪种所有权结构是最有效率的。

根据上述理论可以总结出如下几点：其一，合作社是企业，但有别于投资者所有的企业；其二，不同类型的合作社(如营销合作社、购买合作社、服务合作社)的目标是不同的；其三，不论是为提高市场效率还是减少交易成本，合作社都有其存在的充分理由，但其内部仍然面临许多需要解决的问题。

3 合作社效率评价的研究进展

本章重点阐述了评价合作社效率的一般方法(主要是参数法和非参数法),并从合作社效率的测度、影响因素,以及合作社的生产率等方面对国内外现有文献进行综述。

3.1 合作社效率评价的一般方法

从现有文献来看,合作社效率评价的实证方法主要包括参数法和非参数法。

3.1.1 参数法

随机前沿生产函数是 Aigner,Lovell,Sehmidt(1977)和 Meeusen,Vanden,Broeck(1977)分别提出的。主要包括生产函数形式和成本函数形式。

3.1.1.1 生产函数

模型可以表示成如下形式:

$$Y_i = X_i\beta + (V_i - U_i), \quad i = 1,2,\cdots,N \qquad (3.1)$$

其中:Y_i 是第 i 个企业的产出(或者产出的对数);X_i 是第 i 个企业的投入数量,是 $k \times 1$ 的向量;β 是未知的参数向量;V_i 是随机变量,独立同分布(independent and identically distributed,以下统称 i. i. d.)$N(0,\sigma_v^2)$,并且独

立于 U_i；U_i 是非负随机变量，假设为 i.i.d. $N(0,\sigma_u^2)$，代表生产中的技术无效率值。

这一模型形式已被大量的实证检验。并且也被修正和延伸成很多其他的形式。

3.1.1.2 成本函数

计算随机前沿成本函数可通过将以上生产函数模型中的 $(V_i - U_i)$ 变为 $(V_i + U_i)$。通过这种变动可以将 (3.1) 式定义的生产函数转变为下面的成本函数：

$$Y_i = X_i\beta + (V_i + U_i), \qquad i = 1,2,\cdots,N \qquad (3.2)$$

其中：Y_i 是第 i 个企业的成本（或者相应的对数）；X_i 是第 i 个企业的投入价格和产出（或相应的对数形式）组成的 $k \times 1$ 阶向量；β 是未知的参数向量；V_i 是随机变量，$V_i \sim$ i.i.d. $N(0,\sigma_v^2)$，并且独立于 U_i；U_i 是非负随机变量，$U_i \sim$ i.i.d. $N(0,\sigma_u^2)$，代表成本无效率值。

在这个成本函数中，U_i 定义为企业偏离成本前沿的程度。假定不存在配置效率，则成本函数中 U_i 就为配置无效率引起的成本，如果没有此假定，则成本函数中 U_i 的定义不清，同时包括配置无效率和技术无效率。

3.1.2 非参数法

非参数法首先由 Farrell(1957) 提出，其中最主要的是数据包络分析 (Data Envelopment Analysis) 方法，该方法由美国运筹学家 Charnes, Cooper 和 Rhodes 教授于 1978 年提出，目前已广泛应用于合作社效率研究。该方法的基本原理是通过保持决策单元 (Decision Making Units, DMU) 的输入或输出不变，借助数学规划法确定相对有效的生产前沿面，将各 DMU 投影到生产前沿面上，通过比较 DMU 偏离 DEA 前沿面的程度来评价其相对有效性。在 DEA 方法理论体系中最具有代表性的是 Charnes 等(1978) 提出的基于规模报酬不变 (Constant Return to Scale, CRS) 的 CCR 模型。

假设可进行比较的决策单元 (DMU) 数目为 n，每个 DMU 有 m 种投入和 s 种产出，$DMU_j(j = 1,2,\cdots,n)$ 的投入、产出向量分别为：$x_j = (x_{1j},x_{2j},\cdots,x_{mj})^T > 0$，$j = 1,2,\cdots,n$；$y_j = (y_{1j},y_{2j},\cdots,y_{mj})^T > 0, j = 1,2,\cdots,n$。又设 x_j 的权重

为 υ_j，y_j 的权重为 μ_j，则投入、产出的权向量为：$\upsilon = (\upsilon_1, \upsilon_2, \cdots, \upsilon_m)^T$，$\mu = (\mu_1,$ $\mu_2, \cdots, \mu_s)^T$。

对 DMU_{j0} 进行评价的 CCR 模型如下：

$$
\begin{cases}
\max \dfrac{\sum\limits_{k=1}^{s} \mu_k y_{kj0}}{\sum\limits_{i=1}^{m} \upsilon_i x_{ij0}} \\[3mm]
\text{s.t.} \dfrac{\sum\limits_{k=1}^{s} \mu_k y_{kj}}{\sum\limits_{i=1}^{m} \upsilon_i x_{ij}} \leqslant 1, j = 1, 2, \cdots, n \\[3mm]
\mu_k \geqslant 0, k = 1, 2, \cdots, s \\[1mm]
\upsilon_i \geqslant 0, i = 1, 2, \cdots, m
\end{cases}
\tag{3.3}
$$

可将(3.3)式转化为具有非阿基米德无穷小量 ε 的模型，并进一步将其转化为线性规划模式，进行对偶规划，可得到对偶形式：

$$
\begin{cases}
\min[\theta - \varepsilon(\ell^T s^- + \ell' s^+)] \\[2mm]
\text{s.t.} \sum\limits_{j=1}^{n} \lambda_j x_j + s^- = \theta x_0 \\[3mm]
\sum\limits_{j=1}^{n} \lambda_j y_j - s^+ = y_0 \\[3mm]
\lambda_j \geqslant 0, j = 1, 2, \cdots, n \\[1mm]
s^- \geqslant 0, s^+ \geqslant 0
\end{cases}
\tag{3.4}
$$

在(3.4)式中，θ 表示 DMU 的效率，ε 为非阿基米德无穷小量，$\ell^T = (1, 1, \cdots, 1) \in R_m$，$\ell' = (1, 1, \cdots, 1) \in R_s$，$s^+$ 和 s^- 为松弛变量，s^+ 为产出不足可改进的方向，s^- 为投入冗余可改进的方向，λ_j 表示第 j 个 DMU 的权值，x_j，y_j 表示第 j 个 DMU 的投入和产出向量。

当且仅当 $\theta = 1, s^+ = s^- = 0$ 时，该 DMU 为有效率，否则表示相对于其他 DMU 而言是无效率的，此时需将该无效率的 DMU 的投入、产出调整为：

$$X^* = \theta^* X_0 - s^{-*} \quad \cdots \text{ 最佳投入}$$

$$Y^* = Y_0 + S^{+*} \quad \cdots \text{ 最佳产出} \tag{3.5}$$

其中 * 表示最佳值。

Banker，Charnes 和 Cooper(1984)提出了基于可变规模报酬(Variable Return to Scale，VRS)的 BCC 模型。BCC 模型由 CCR 模型改进而来，将上述 CCR 模型稍作修正即可得到 BCC 模型，其数学表达式为：

$$
\begin{cases}
\max \dfrac{\displaystyle\sum_{k=1}^{s}\mu_k y_{kj0}}{\displaystyle\sum_{i=1}^{m}\upsilon_i x_{ij0}+\upsilon_0} \\[4mm]
\text{s. t.}\ \dfrac{\displaystyle\sum_{k=1}^{s}\mu_k y_{kj}}{\displaystyle\sum_{i=1}^{m}\upsilon_i x_{ij}+\upsilon_0}\leqslant 1
\end{cases}
\tag{3.6}
$$

其中 $\mu_k，\upsilon_i \geqslant \varepsilon > 0；j=1,2,\cdots,n；k=1,2,\cdots,s；i=1,2,\cdots,m；\upsilon_0$ 为评定 DMU 是规模报酬递增、规模报酬递减或者规模报酬不变的指针。

$\upsilon_0 > 0$ 表示规模报酬递增，说明 DMU 当前的生产经营规模小于最佳规模；$\upsilon_0 < 0$ 表示规模报酬递减，说明 DMU 当前的生产经营规模超出最佳规模，即规模过大；$\upsilon_0 = 0$ 表示规模报酬不变，说明 DMU 当前处于最佳生产经营规模。

在 CCR 模型和 BCC 模型的具体运用中，常常有以投入为导向(input-oriented)和以产出为导向(output-oriented)两种形式。以投入为导向指在现有产出水平下，使投入最小化；以产出为导向指在现有投入水平下，使产出最大化。两种模型并无本质区别，且对结论的影响很微小(Coelli，1996)。

DEA 方法进行相对有效性评价的步骤为：①确定被评价的对象；②选择评价指标体系；③收集整理数据；④计算分析并向步骤反馈；⑤给出分析评价结果，并提出建议。运用该方法进行效率评价最关键的是指标体系的选择。恰当的指标体系，既应当注意输入输出指标之间的对应与联系，也应当注意相对指标与绝对指标的配合使用，同时还要考虑到评价指标数与评价的生产单元数之间的配合使用问题。需要注意的是，只有被评价的生产单元数不少于评价指标数($m+k$)的 2 倍时，才能使 DEA 方法得到更有效的使用。

3.2 合作社效率评价的研究状况

3.2.1 合作社效率测度

长期以来,农民合作社的效率测度一直是农业经济学者关注的焦点之一 (Lerman & Parliament,1989;Kebede & Schreiner,1996;Ariyaratne et al. ,2000;Boyle,2004;Hailu et al. ,2005,2007;Galdeano,2008;黄祖辉等,2011;等等)。表3.1列举了农民合作社效率测度的代表性实证研究。

表 3.1 合作社经济效率的实证研究

来源	数据时期	合作社类型	产品类型	国家	方法	测量的效率
Lerman & Parliament (1989)	1970—1987	农民合作社	乳制品、谷物、棉花等	美国	非参数法	经济效率
Kebede & Schreiner(1996)	1989—1990	营销合作社	乳制品	美国	参数法	技术效率
Ariyaratne et al. (1997)	1988—1992	营销与农场供给合作社	谷物	美国	非参数法	技术、配置、规模和综合效率
Singh et al. (2000)	1992—1997	农业合作社	乳制品	印度	非参数法	技术、配置和成本效率
Boyle(2004)	1961—1987	营销合作社	乳制品	爱尔兰	参数法	经济效率
Hailu et al. (2005)	1984—2001	营销合作社	果蔬	加拿大	参数法	技术效率
Galdeano-Gómez (2006)	1995—2004	营销合作社	园艺	西班牙	非参数法	技术效率
Hailu et al. (2007)	1984—2001	营销合作社	粮油、乳制品、果蔬	加拿大	参数法	成本效率
Guzmán & Arcas (2008)	2001—2003	农业合作社	各类农产品	西班牙	非参数法	技术效率
Galdeano-Gómez (2008)	1994—2001	营销合作社	园艺	西班牙	Bootstrap-DEA	技术效率

续 表

来源	数据时期	合作社类型	产品类型	国家	方法	测量的效率
Krasachat & Chimkul(2009)	2005	农业合作社	各类农产品	泰国	非参数法	技术、规模和纯技术效率
黄祖辉等(2011)	2010	营销合作社	各类农产品	中国	Bootstrap-DEA	技术、纯技术和规模效率
Singhavara et al.(2012)	2010	农业合作社	各类农产品	泰国	非参数法	技术效率

数据来源：作者根据已有文献整理。

从表 3.1 可见，已有文献已经对农民合作社的效率问题进行了广泛而深入的研究。学者们选取发达或发展中国家农民合作社的横截面或面板数据，主要运用参数法或者非参数法，对合作社的技术效率、纯技术效率、规模效率、配置效率、成本效率等进行测量。但是，关于中国农民合作社效率的研究相对较少。根据不同的研究对象，重点从如下两个角度对合作社效率研究的相关文献进行梳理[①]：

一是合作社的功能视角。一般而言，该视角下的合作社类型包括营销合作社（marketing cooperative）、服务合作社（service cooperative）和购买合作社（purchase coopcrative）等（Tamm，1994）。很多学者仅选择营销合作社进行研究，例如，Boyle（2004），Hailu et al.（2005，2007），Galdeano-Gómez（2008）等。国内学者中，黄祖辉等（2011）采用 Bootstrap-DEA 模型考察了浙江营销合作社的技术效率、纯技术效率和规模效率，发现营销合作社的平均技术效率水平较低，其主导因素是纯技术低效率，但没有进一步根据产品特性进行分类比较研究。

二是合作社的产品视角[②]。在该视角下，学者们将具有相同或相近产品特性的合作社作为研究对象，以探讨某产品类型合作社的效率水平。例如，Ariyaratne 等（1997）运用非参数方法，测量了美国中西部平原地区 89 家谷物

[①] 尽管合作社与投资者所有企业（IOF）的效率比较是已有研究中的一项重要内容，但由于本研究研究不涉及，故在此不作述评。

[②] 这里的产品指合作社生产、交易或服务的"那一种"农产品。

营销、购买合作社 1988—1992 年的技术效率、配置效率、规模效率和综合效率。该研究发现,这些合作社的技术效率和配置效率低于规模效率,因此,合作社应通过提高资本和劳动的使用效率而非扩大规模来提高其综合效率。Singh 等(2000)采用 DEA 模型测度了印度 65 家乳制品合作社的效率,结果显示,合作社的技术效率、配置效率和成本效率均值分别为 0.912、0.731 和 0.667,说明合作社各效率均有一定提升空间,通过生产要素的有效利用,上述效率可分别再提高 8.8%、26.9%和 33.3%。Boyle(2004)实证检验了爱尔兰乳制品营销合作社 1961—1987 年间的经济效率,发现合作社通过对奶农定价,在运营上具有价格效率。Hailu 等(2005)使用随机前沿模型对加拿大果蔬营销合作社进行了研究,结果表明,合作社存在显著的成本低效率,其中,小规模和大规模的合作社具有较高的成本效率。Galdeano-Gómez(2008)运用 Bootstrap-DEA 方法测量了西班牙园艺营销合作社的技术效率,得出其技术效率值为 0.928。

但是,另有一些研究者并不区分合作社类型,而是将各类合作社作为统一的研究对象。例如,Guzmán 和 Arcas(2008)使用 DEA 方法测量了西班牙农民合作社的技术效率,结果表明,当选取合作社的收入为产出指标,原材料、劳动、固定资产折旧和其他管理费用为投入指标时,所测得的合作社技术效率均值高达 0.95;但当选取合作社的收入为产出指标,劳动和固定资产为投入指标时,合作社技术效率均值下降至 0.26。这说明,在合作社的效率测量中,投入、产出指标的选取非常关键。Krasachat 和 Chimkul(2009)运用 DEA 方法对泰国农民合作社的研究发现,合作社技术效率的均值为 0.72,较低技术低效率的主要来源是较低的纯技术效率。Singhavara 等(2012)采用 DEA 模型测度了泰国 55 家农民合作社的技术效率、纯技术效率和规模效率,发现合作社存在纯技术和规模低效率,并进一步建议效率较低的合作社合理处理债务,控制风险,通过合理投资实现规模最优等。

3.2.2 合作社效率影响因素

合作社效率与许多因素相关。已有实证文献主要是在测得合作社效率值之后,运用 Tobit 或者 OLS 方法进一步从规模、财务杠杆、内部治理、外部环境等方面来探讨效率的影响因素。以下分别对已有文献做综述:

一是规模对合作社效率的影响。Ariyaratne 等(1997)采用 Tobit 模型分析了美国中西部平原地区 89 家农业销售与农场供应合作社的技术、配置、规模和综合效率的影响因素,发现规模较大的合作社比小规模合作社拥有较高的技术、配置、规模和综合效率。Arcas 和 Ruiz(2003)的研究发现,合作社的规模较大,有利于果蔬合作社实行差异化营销战略,因而合作社的效率更高。Hailu 等(2005)运用随机前沿方法研究了规模对加拿大果蔬销售合作社的成本效率的影响,发现这种影响呈正 U 型关系,即规模较大和较小的合作社具有较高的成本效率。Hailu 等(2007)分析了规模对加拿大粮油、奶制品和果蔬营销合作社成本效率的影响,发现规模较大的乳制品和果蔬销售合作社与规模较小的谷物销售合作社具有更高的成本效率。这一结果意味着,规模对不同产品类型合作社效率的影响不同。Krasachat 和 Chimkul(2009)运用 DEA-Tobit 两阶段模型研究了规模与泰国农民合作社技术、纯技术和规模效率的关系,发现规模与合作社纯技术效率正相关,但与规模效率负相关。黄祖辉等(2011)运用单侧截断 Bootstrap 方法分析了中国浙江省营销合作社的影响因素,发现规模显著负向影响合作社纯技术效率,正向影响其规模效率,但对技术效率的影响不显著。Krasachat 和 Chimkul(2009)以及黄祖辉等(2011)的研究结论不一致,但均说明了规模对合作社不同效率的影响具有异质性。

二是合作社的财务杠杆[①]对合作社效率的影响。Ariyaratne 等(1997)的研究发现,合作社的权益与资产比率正向影响合作社的技术、配置、规模和综合效率,即财务杠杆负向影响合作社各效率,但在统计上均不显著。Hailu 等(2005,2007)的研究认为,较高的财务杠杆将导致合作社较低的成本效率。Krasachat 和 Chimkul(2009)发现合作社的负债资产比率与合作社的技术、纯技术和规模无效率存在正向关系,总负债权益比率与合作社的技术、纯技术和规模无效率负相关,换言之,财务杠杆负向影响合作社效率。黄祖辉等(2011)的研究则发现,财务杠杆对合作社技术效率和规模效率的影响在统计上不显著,但显著负向影响营销合作社的纯技术效率。

三是内部治理结构与合作社效率或绩效的关系。①从理事会规模来看,

①　财务杠杆(financial leverage)＝总资产/所有者权益,强调债务对投资者收益的影响。

Henehan 和 Anderson(1994,1999)注意到理事会影响合作社的效率。黄胜忠等(2008)以及徐旭初、吴彬(2010)发现,理事会成员人数正向影响合作社绩效。黄祖辉等(2011)的实证研究发现,理事会的规模对合作社技术和规模效率的影响不显著,但显著负向影响合作社的纯技术效率,即理事会规模越大,纯技术效率越低。②从合作社负责人(经理)特征来看,徐旭初、吴彬(2010)发现,合作社负责人担任的社会职务显著影响合作社绩效。黄祖辉等(2011)发现负责人担任社会职务的合作社,其技术效率和纯技术效率水平显著高于负责人为普通农民的合作社。徐旭初、吴彬(2010)以及黄祖辉等(2011)的实证分析得出,负责人如果具有较高的企业家才能,合作社的绩效或效率更高。③从社员人力资本来看,Krasachat 和 Chimkul(2009)以及黄祖辉等(2011)认为,对合作社成员进行培训可以提高成员的人力资本,进而提高合作社效率。

四是外部环境对合作社效率的影响。① 地区因素。Krasachat 和 Chimkul(2009)的研究发现,不同地区的合作社效率存在差异。黄祖辉等(2011)发现合作社所在地区的经济发展水平显著正向影响其技术效率、纯技术效率和规模效率。②政府因素。Ariyaratne 等(1997)发现政府支持力度大的合作社的规模和综合效率均较高。Galdeano 等(2006)通过分析西班牙园艺合作社全要素生产率的影响因素分析,发现政府激励显著正向影响合作社的全要素生产率。Krasachat 和 Chimkul(2009)的实证研究发现,政府的借贷政策影响到合作社效率。

上述文献在考察各因素对合作社效率的影响时,主要考察的是某一产品类型合作社效率的影响因素,在考察多种产品类型合作社效率的影响因素时很少考虑产品因素的作用。Hailu 等(2007)虽然分别考察了不同产品类型(粮油、奶制品和果蔬)营销合作社效率的影响因素,但没有从理论上深入探讨分产品类型考察的原因。

3.2.3 合作社生产率

关于合作社生产率方面的研究相对较少,现有实证研究主要分析了合作社的全要素生产率(TFP)增长及其主要来源。例如,Singh 等(2000)使用1992—1997 年印度奶制品合作社的数据,运用 Fisher 指数测度了合作社的TFP 增长,发现在研究期间,合作社的 TFP 增长呈下降趋势。Galdeano-

Gómez(2006)利用 1995—2004 年西班牙园艺营销合作社数据，运用 Malmquist 指数测算了合作社的全要素生产率增长及其分解指数，发现 TFP 增长主要受到技术效率变化的影响。Ariyaratne 等(2006)通过对 1990—1992 年和 1996—1998 年美国谷物营销和供给合作社生产率的研究发现，合作社生产率增长主要来源于技术进步而非纯技术效率和规模效率变化。Galdeano-Gómez(2008)使用 1994—2001 年西班牙 51 家园艺营销合作社的数据，发现反映 TFP 增长的 Malmquist 指数为正，Bootstrap 指数结果具有统计意义，但 TFP 增长主要受技术效率变化和环境的影响，而不是技术进步。Singhavara 等（2012）使用 2006—2010 年泰国农民合作社数据，运用 Malmquist 指数方法对 TFP 增长进行分解，发现采用新技术（技术进步）之后，在 2008—2010 年期间，绝大多数合作社的 TFP 得到了提高，但是，在 2007—2010 年期间合作社的技术效率持续下降，主要是由于纯技术效率的降低。

3.3　本章小结

　　总的来看，既有关于农民合作社效率问题的实证研究取得了丰富的成果，对认识和把握中国农民合作社的效率问题具有重要的借鉴意义。但是，上述文献仍然存在如下几个方面的不足：(1)现有实证文献大多是基于方法的运用，既缺乏对方法背后深层次的理论基础与所研究问题之间内在联系的分析，也缺乏具有解释力的合作社效率的理论分析框架。比如，对合作社的效率内涵及特殊性还没有达成共识，对合作社效率的影响因素也缺少理论上的系统研究。(2)在研究方法上，主要运用的是参数法和非参数法，但是这两种方法各有优缺点。就目前来说，Bootstrap-DEA 或 Bootstrap Malmquist 方法优于纯粹的参数法和非参数法，在效率评价中的运用呈上升之势，但在合作社的效率分析中运用较少，目前仅有 Galdeano-Gómez(2008)和黄祖辉等(2011)使用了 Bootstrap-DEA 方法测度合作社效率。(3)在具体的实证分析中，已有文献基本上都是从合作社总体或某类合作社展开研究，鲜有文献基于细分类型（包括合作社类型和产品类型）的差异性视角来进行研究，更缺乏不同类型之间的比较研究。(4)已有合作社效率研究的结论差异性较大，且缺乏具有说服力的结论。这可能因为研究对象、方法、数据等不同的原因。而样本的可比性、方法的正确性和数据的准确性是合作社效率分析中的关键点。

同时，值得注意的是，与国际学术界相比，关于中国农民合作社效率问题的研究起步较晚，近年来才涌现出一些相关的实证研究，但到目前为止尚没有文献在理论和实证上展开全面、系统的研究，也没有合作社生产率方面的研究。笔者认为，国内这一方面研究进展迟缓主要有研究对象、方法和数据三方面的原因。首先，在研究对象的选取上，国内研究所涉及的合作社范围较宽，没有针对性，更没有将合作社进行分类研究，甚至有些学者将农村合作经济组织与农民专业合作社放在同一框架下进行研究；其次，在研究方法上，多数文献局限于定性分析，定量研究方法很少考虑偏差结果与统计意义；最后，在数据方面，在市场化进程中发展起来的合作社发展时间较短，目前运行规范的仍较少，基础数据的获得性和可靠性较难实现，尤其是获取时间序列数据的难度更大。

基于此，本书的研究主要是针对现有学术研究中存在的一些关键问题，同时借鉴国内外学术界的相关研究进展和发展前沿，基于已有的理论成果，并对其进行改进，使之能够运用于中国合作社的实证分析，在此基础上，运用目前为止较为先进的方法准确分析中国农民合作社的效率问题，以有效提升研究成果的科学性和应用价值。

4 合作社效率评价：一个分析框架

本章旨在构建一个农民合作社效率研究的分析框架,以期对今后的理论和实证研究有所帮助。具体而言,本章将在讨论合作社效率的内涵与特征之后,改进现有的目标函数,构建一个能够运用于实践的营销合作社目标函数。将合作社的短期目标定位为追求静态效率最优,着重分析静态效率的实现条件、衡量静态效率的基本模型以及影响静态效率的主要因素;将合作社的长期目标定位为追求动态效率最优,重点分析动态效率的来源;还将分析合作社效率最优的实现机理。

4.1 合作社效率的内涵与特征

4.1.1 合作社效率的内涵

探讨合作社效率的内涵之前,需理解建立在理论基础上的经济效率概念(Sexton & Iskow,1993)。而据第二章对效率理论的回顾可知,经济学理论界至今未对"效率"一词给出确定统一的定义,经济学者往往从不同角度,采取不同方式对其进行界定。但从本源意义来看,效率既可理解为一种追求低投入、高产出的经济行为,亦可认为是一种实现"帕累托最优"的内在能力。

笔者认为,合作社的效率应该包含两个方面,一方面可以理解为合作社的投入产出效率,指合作社在既定的要素资源投入条件下获得最大产出的能力,或者是在一定产出水平下实现最小投入的能力,属于合作社的内部效率;

另一方面可视为合作社的外部效率，即合作社在追求内部效率的过程中促进了社会资源在各部门之间的合理配置，从而对整个社会经济发展所贡献的综合效率水平，简言之，合作社的外部效率指合作社对社会总福利的贡献度。由此可知，外部效率标准是一种最佳的资源配置状态，既可以使单个合作社实现资源利用最优，也能使全社会的资源得到充分、合理的利用，不存在浪费和闲置。因此，从理论上来说，合作社在追求自身内部效率最优的同时，也应该考虑外部效率，以实现社会总福利最大化。

然而，合作社的外部效率标准，即帕累托最优的理想状态在现实中并不存在，也难以进行定量评价。并且，投入产出效率是实现外部效率的基础和前提，在没有实现内部效率的情况下一味追求外部效率最终将成为一种虚无缥缈的幻想。因此，现实中的合作社往往追求的是内部效率，以往的经济学者也主要从投入产出的角度讨论合作社效率问题。如 Sexton 和 Iskow (1993)将合作社的经济效率分解为含技术效率、配置效率和规模或价格效率。其中，技术效率指在投入一定的条件下，合作社获得最大产出的能力；配置效率考察的是在产出一定的条件下，合作社能够选择成本最小的生产方式的能力；规模或价格效率描述的是合作社选择"合理的"产出水平的能力；而技术效率和配置效率是合作社必须追求的合理目标。Boyle(2004)则指出合作社实现经济效率的必要条件是技术和配置均处于有效率的状态。Ariyaratne 等(2000)研究了合作社的 X 效率和规模效率。其中 X 效率考察的是合作社对投入品进行最优利用的能力；而规模效率描述的是合作社是否在最优规模上运营。

综合以上分析，本章聚焦于合作社的投入产出效率，即所研究的合作社效率在实质上就是指合作社在既定的资源投入条件下，其产出是否达到合作社生产前沿面水平。具体来说，包括合作社的配置、技术、纯技术、规模效率等。需要特别说明的是：(1)投入产出效率包含静态(短时期)效率和动态(跨时期)效率，本章重点以前者为例进行讨论，对后者的分析需要在前者的基础上对随时间变动的价格加以调整；(2)效率值是相对效率，通过与前沿面比较得出(科埃利等，2008)。因此，合作社的效率为相对效率，通过与其他各合作社的比较而得出，这就需要进行比较的这些合作社具有某些质的同一性。

4.1.2 合作社效率的层次性

据上述分析，合作社效率不仅与其自身价值相关，还涉及社会总福利。对于单个合作社而言，这种多元的效率标准可分层次、分阶段来实现。合作社首先需要实现的效率目标应是其内部效率，在此基础上再考虑其外部效率。据此，这里将合作社效率划分为如下三个层次[①]：

第一层次是投入产出效率标准。合作社作为经济社会中的一个微观经济组织，和其他所有企业一样，经济效率目标是合作社有效运营和提高竞争力的集中体现，也是实现其他目标的基本前提和重要保障。在现有技术水平下，如何最有效地利用各种资源，将投入要素配置到最佳比例，从而实现产出与投入之间比率的最大化，应是合作社效率的第一个层次，也可称之为合作社的短期效率标准。投入产出效率标准是判断合作社效率的经济原则，具有很强的操作性。在实践中，可以通过该标准衡量合作社内部治理的有效性，从而促进其创新。

第二层次是发展效率标准。从长期来看，合作社必须考虑可持续经营问题。而其能否可持续发展，既取决于合作社内部治理机制，也与外部环境的适配程度紧密相关。合作社的可持续发展效率是其始终保持较强市场竞争力的必要条件。因此将发展效率作为合作社效率的第二个层次，无疑是合作社科学决策管理的原动力。具体而言，发展效率标准不但要求合作社实现其投入产出效率目标，还要求其在技术创新等方面作出贡献，以适应时代进步需要。

第三层次是帕累托效率标准。合作社在追求内部效率的同时，可通过内部治理优化，配置其控制的各类要素，促进资源在社会各部门间的充分合理流动，从而更多、更好地创造经济、社会、生态、文化等多方面价值，充分实现合作社的社会功能，提高社会总福利水平。这就是合作社最高层次的效率目标。

三层次效率标准是合作社效率的三个不同评价尺度，采用不同层次的效

[①] 合作社效率的层次思想得益于杨金荣、康瑾娟：《商业银行效率判断的三层次标准及现实选择》，《金融研究》2008 年第 4 期，第 85—93 页。

率标准，对经营发展的影响是不同的。第一层次的效率标准是基础，是合作社发展的基本目标。第二层次的效率标准是在第一层基础上形成的可持续发展目标。第三层次效率标准是最高目标。第一层次和第二层次效率标准构成合作社的内部效率标准，第三层次反映的则是其外部效率标准。合作社的内部效率是微观效率，其效率标准以"边际效率标准"为基础，以实现合作社自身效率最优为目的。外部效率属于宏观效率，其效率标准以"帕累托效率标准"和"交易成本效率标准"为基础，以实现整个社会的帕累托最优为目标。三个层次的效率判断标准之间既相互关联，又具有明显差异，是一个由低到高不断递进的判断标准。

由此可知，第三层次效率标准是一种最佳资源配置状态，既可使单个合作社实现资源利用最优，也能促进全社会资源的充分合理利用。然而合作社的外部效率标准，即帕累托最优的理想状态在现实中并不存在，也难以进行定量评价。并且投入产出效率是实现外部效率的基础和前提，在未实现内部效率的状况下一味追求外部效率，最终只是一种虚无缥缈的幻想。因此，现实中的合作社大多追求的是内部效率，以往的经济学者主要是从投入产出的角度讨论其效率问题。

综合以上分析，本章聚焦于合作社的投入产出效率，即合作社产出与投入之间的比率，实质上考察的是合作社在既定资源要素投入条件下获取最大产出的能力，因而本章所研究的合作社效率又称技术效率或生产率。

4.2 合作社效率决定：目标函数

4.2.1 合作社效率判断的特殊性

合作社效率由其所选择的目标函数决定（Soboh et al. ，2009），换言之，合作社效率取决于其目标的实现程度（张梅，2008）。因此，判断合作社的效率首先需要确定合作社的目标函数。那么，如何设定合作社的目标函数呢？

讨论目标函数要从合作社的本质谈起。从本质上说，合作社是社员（惠顾者）拥有并控制的组织，它既是追求利益最大化的企业，也是自愿结合的联盟(Sexton & Iskow,1993)。合作社的这种双重属性,使得它与以投资者利益最大化为唯一目标的投资者所有企业(IOF)在组织功能和组织结构上存在根本区别,而其目标函数也复杂得多。首先,不同功能的合作社,其目标函数不同。例如,购买合作社的目标是单位成本最小化,而营销合作社的目标则是单位回报最大化。因此,评价购买合作社和营销合作社效率的标准不同(Clark,1952)。其次,即使是对同类型合作社,不同学者所理解的目标函数也不尽相同。虽然学界对合作社的目标有一个共识,即以全体社员的共同利益为目标,但研究视角却差别很大,例如视合作社为"垂直一体化的企业"、"独立经营的企业"或"企业联盟"等。因此,合作社研究中一直存在"单一目标"和"多目标"之争。一般视合作社为"独立经营的企业"的学者认为合作社具有单一目标,而视合作社为"企业联盟"的学者认为合作社具有多目标的特点(Soboh et al.,2009)。显然,"单一目标"和"多目标"观点下合作社的目标函数是不同的。

总之,合作社的功能类型不同,目标函数不同,其效率判断的标准也就不同。

4.2.2 改进的目标函数

根据上一小节的分析,确定合作社的目标函数既要以合作社理论为基础,还要明确合作社类型。基于中国合作社多数为营销合作社的现实情况,这里仅讨论营销合作社的目标函数。

本节首先总结 Enke(1945),Helmberger 和 Hoos(1962),Bateman 等(1979),Sexton 和 Iskow(1993)、Soboh 等(2009)以及 Soboh 等(2012)的理论成果,在此基础上,提炼出一个能够运用于实践的营销合作社目标函数。

下面综述的是合作社为"垂直一体化的一种形式"和"独立企业"观点下的营销合作社目标函数,且假设合作社具有单一目标。

假设产品市场是完全竞争市场,合作社 i 的产出数量和价格分别为 Q_i 和 p_i,由合作社成员提供给合作社的产品总量为 q_i,合作社支付给成员的价格为 u_i,合作社成员数为 N_i,合作社总产出中的其他成本为 $C_i(Q_i)$,合作社利润为 π_i。

视合作社为垂直一体化企业的经济学者所建立的合作社的目标函数为:

$$\max_{Q_i, u_i}\{\pi_i = p_i Q_i(q_i) - u_i q_i - C_i(Q_i)\}$$

$$\text{s. t.} \quad u_i \geqslant u_j, \ \forall j, j \neq i \tag{4.1}$$

$$\pi_i \geqslant 0.$$

作为"垂直一体化的一种形式"的合作社，一方面期望尽可能地提高 u_i 并使回报处于最优水平；另一方面，它又期望拥有 0 利润或尽可能低的利润，且不保留股本资本。因此其追求的是成员所提供产品的价格和给成员返利均最大化。这就意味着合作社经济效率描述的是使合作社支付给成员产品的价格和惠顾者返利最大化的实现程度。

视合作社为独立企业的学者，其观点与上述论点不同[①]。其中将合作社等同于投资者所有企业的学者认为，合作社以其收益最大化为唯一目标。因此合作社的最优产品价格和最优产品数量由合作社平均边际成本和边际收益决定。这样，合作社的目标函数为

$$\max_{Q_i}\{\pi_i = p_i Q_i(q_i) - u_i q_i - C_i(Q_i)\} \tag{4.2}$$

式(4.2)与(4.1)存在明显区别，在(4.2)式中，"独立企业"的合作社追求收益最大化，因此合作社期望支付给成员产品的价格 u_i 尽可能地低，而(4.1)式所表达的期望刚好相反。

将合作社视为"企业联盟"的学者基本上都认为合作社具有多目标(Soboh et. al, 2009)。合作社联盟成员包括：各种异质性社员集团、管理者、非社员惠顾者、非社员股东等，并且各成员均有自己的目标，追求各自的利益最大化。由于这些成员之间的目标可能并不一致，合作社的决策是各集团讨价还价的结果。

合作社的目标函数模型包含两个阶段。在第一阶段，在既定价格和产量条件下，合作社最大化合作社的利益(视为"独立企业")。在第二阶段，各成员最大化各自的利益。

第一阶段的模型为

---

①　该类学者又持有两种不同的观点，一种观点将合作社等同于投资者所有企业，另一种观点将合作社视为投资者所有企业的变异体。本书仅对前者进行分析。

$$\max_{Q_i}\{\pi_{ti} = p_{ti}Q_{ti}(q_{ti}) - u_{(t-1)i}q_{ti} - C_{ti}(Q_{ti})\} \tag{4.3}$$

其中 π_{ti} 为第 t 年的利润，由第 t 年的产出价格、第 t 年的产量（由第 $t-1$ 年的产量决定）以及社员第 t 年的价格（由第 $t-1$ 年的价格决定）共同决定。

在第二阶段，假设第 n 类社员占总利润的最大份额为 α_n，z_n 反映了第 n 类社员讨价还价的能力，α_n 是 z_n 的函数，则有

$$\max_{z_{ni}}\{\alpha_n = f(z_n)\}$$
$$\text{s. t. } \sum_{n=1}^{N}\alpha_n = 1 \tag{4.4}$$

由于合作社社员的复杂性，求解式（4.3）和（4.4）非常复杂。为简化起见，我们在这里通过分析只包含主要社员和非主要社员的合作社的目标函数来说明这一问题。合作社主要社员除追求股份回报最优外，还以其产品价格尽可能高为目标，而非主要社员仅以股份回报最大化为目的。

设 S_{1i} 为主要社员数，S_{2i} 为非主要社员数，则全体社员 $M(S_{1i} + S_{2i})$ 的最大化目标函数为

$$\max_{Q_i}\{D_i = [p_iQ_i(q_i) - u_iq_i - C_i(Q_i)]/(S_{1i} + S_{2i})\} \tag{4.5}$$

然而，主要社员由于具有两大目标，因此社员 S_{1i} 的目标函数为

$$\max_{Q_i, q_i, u_i}\left\{\begin{array}{l} R(\text{active}) = \gamma[p_iQ_i(q_i) - u_iq_i - C_i(Q_i)] \\ \qquad + (1-\gamma)\left[\sum_{n=1}^{N}u_iq_{in} - C_n(q_{in})\right] \end{array}\right\}$$
$$\text{s. t. } \sum_{n=1}^{N}q_{in} = q_i \tag{4.6}$$

其中 γ 为每一集团在合作社中的重要性的权重，这依赖于主要社员与合作社的谈判能力。由此可知，在该类合作社中，合作社支付给主要社员 S_{1i} 的产品的价格 u_i 是合作社谈判过程的核心。

将合作社视为企业联盟的一些学者甚至将合作社成员细分为主要成员、非主要成员和非成员持股者，并考虑了各自的目标函数。

综上分析可知，不同观点下合作社目标函数的差异主要体现在 q_i 和 u_i 上，即成员为合作社所提供产品与合作社对社员产品的支付价格。

本章在构建营销合作社目标函数之前考虑了如下事实：首先，在市场经济日益全球化的今天，中国营销合作社为了在激烈的市场竞争中保持或者提升竞争力，通常以成本最小化、收益最大化为根本目标。其次，目前中国农产品市场上的垄断现象非常少见，农民合作社规模普遍较小，成员多数是小农且相互比较了解，合作社为成员统一提供部分生产资料，以统一价格向成员收购产品，盈余主要根据成员与合作社的交易额（量）按比例返还。基于上述事实，笔者认为，中国的农民合作社兼具"独立企业"和"垂直一体化企业"的特征，对外，合作社为保持竞争力，追求的是合作社利益最大化，对内将所获得的收益根据成员与合作社的交易额（量）按比例返还。换言之，合作社目标与成员目标基本一致。

基于此，本章作出如下假设：营销合作社为追求收益最大化的"独立企业"、农产品市场完全竞争、成员之间信息对称、合作社对成员产品平均定价、合作社收益按交易额返还给成员。根据上述假设，构建营销合作社的目标函数为[①]：

$$\max_{Q_i}\{\pi_i = p_iQ_i - C_i(Q_i)\} \tag{4.7}$$

与以往学者所构建的合作社目标函数不同，此目标函数假定合作社对成员产品的支付为零。当合作社目标与成员目标一致，即合作社的收益最大化等于成员收益最大化时，该目标函数与合作社以某一价格收购成员产品的现实并不矛盾。目前中国营销合作社的收益相当于按两次或多次分给成员，第一次是合作社对成员产品的支付，第二次是盈余返还。这种两次返还与集中在后一次返还在本质上并无区别。那么，为什么要作出合作社对成员产品支付为零的假设呢？这是由于，已有文献所构建的合作社目标函数（假设合作社对成员产品的支付不为零）虽然在理论上和逻辑上都无可厚非，然而这些数据一般难以获得，即使可以获得，这些理论成果也无一能够运用于实证分析（Soboh et al.，2009）。

经过对已有成果进行改进，所构建的目标函数将理论与实践联系起来，使其能直接运用于营销合作社效率评价的实证研究。并且这一目标函数也

---

① 事实上，从已有实证文献投入产出指标的选取中可以得知，基本都以此目标函数为理论基础。

基本符合当前中国农民营销合作社发展的实际情况。

4.2.3　动态性

通过以上的分析，从合作社的目标函数形式来看，蕴含着合作社运营的整个动态过程。因此，基于上述目标函数的农民合作社的投入产出效率具有动态性质。

Coelli 等（2005）在《效率与生产率分析引论》一书中将生产率定义为产出与所需投入之比，即生产率＝产出/投入。而生产率与技术效率的区别在于前者是一种长期解释，后者则是一种短期解释。在短期内，企业追求的是技术有效，即技术效率最优；而在长期，企业可以是技术有效的，但仍可通过寻找规模经济或促进技术进步来提高生产率。

由此可见，本书分析的农民合作社投入产出效率也同样具有这一动态性质。从时间这一维度出发，将合作社的投入产出过程具体区分为短期和长期。在短期内，合作社所处的外部环境基本不变，生产技术和规模不变，在这一情境下合作社的投入产出效率为静态效率（Porter & Scully，1987），或技术效率；而在长期，合作社的外部环境改变，生产技术和规模发生变化，在此时间段合作社的投入产出效率为动态效率，即生产率。静态或动态是一个相对概念，在本书中，静态的时期指 1 年，合作社的静态效率或技术效率反映的是合作社在 1 年内的投入产出关系；而动态是一个跨期概念，合作社的动态效率或生产率指合作社在 N 年内（$N＝1,2,\cdots$）的投入产出关系。

4.3　合作社的短期目标定位：静态效率最优

根据以上分析，合作社的终极目标为合作社成员利益最大化，而成员利益最大化的实现依赖于合作社效率的优化。从合作社投入产出效率的动态性质来看，根据时期长短可以区分为静态（短期）效率和动态（长期）效率。因此，在短期内，合作社的目标是实现静态效率最优。

4.3.1　实现条件

目标函数确定之后，接下来需要考虑的是如何才能实现合作社的效率最优。本章借鉴 Sexton 和 Iskow(1993)的分析方法,构建营销合作社静态效率(技术效率)评价的理论模型。假设合作社产出为 Q,投入向量为 $\boldsymbol{X}=\{X_1,X_2,\cdots,X_n\}$,投入品的价格向量为 $\boldsymbol{W}=\{W_1,W_2,\cdots,W_n\}$,产出价格为 p。投入与产出之间的效率转换可由生产函数 $Q=f(X)$ 表示,该函数表明在生产前沿面上不同投入组合下可获得的最大产出。如果投入向量为 X_0,产出为 Q_0,则当且仅当 $Q_0=f(X_0)$ 时,合作社才是技术有效率的,如果 $Q_0<f(X_0)$,则是技术低效率的。

关于规模效率,Sexton 和 Iskow(1993)认为规模效率描述的是企业选择"合适的"产出水平的能力,因此合作社的规模效率与其选择的产出水平有关。而关于"合适的"产出水平,Atkinson 和 Halvorsen(1980)以及 Kumbhakar 等(1989)认为,对于一个竞争性的合作社来说,规模效率等同于使产出或利润最大化。事实上,本章构建的营销合作社目标函数正蕴含了这一论点,即产出最大化的点即是规模有效率的点。

上述模型运用边际分析方法,从理论上给出了合作社实现技术效率的条件,这在逻辑上是无懈可击的。然而在现实中,合作社的这种有效率状态只可能是一种偶然现象(Clark,1952)。换言之,合作社低效率才是一种常态。因此,对合作社具体效率值的讨论将更有现实意义。

4.3.2 基本模型

关于合作社静态效率值的讨论,本章主要借鉴了 Farrell(1957)的理论成果。根据 Farrell 的效率理论,技术效率常和"生产前沿面"(production surface)或"相对有效前沿面"(relative efficient frontier)联系在一起。"生产前沿面"是指决策单元在一定技术水平下有效率的投入产出向量的集合,即在既定投入下的产出最大值或既定产出下的投入最小值的集合。技术效率描述的是决策单元对现有资源的配置能力,即在给定各种投入要素的条件下实现最大产出,或者在既定产出下实现最小投入的能力。

因此,"生产前沿面"是指合作社在一定技术水平下有效率的投入产出向量的集合,即在既定投入下的产出最大值的集合。图 4.1 直观地显示了生产前沿面与技术效率的关系,y 表示实际值,y^* 表示最佳值,则技术效率 $\text{TE}=y/y^*$。当合作社位于生产前沿面上时是技术有效的,此时有 $\text{TE}=1$;而位于生产前沿面下方的合作社是技术低效的,即 $\text{TE}<1$。生产前沿面与实际生产

曲线之间的差值 $Z=y^* -y$ 为技术效率的损失。

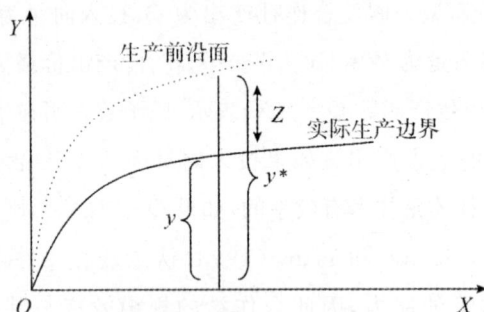

图 4.1　生产曲线和技术效率

　　规模报酬不变条件下对技术效率的测量假定所有合作社都处于最优生产规模;而在可变规模报酬条件下,技术效率可分解为纯技术效率(pure technology efficiency,PTE)和规模效率(scale efficiency,SE)。纯技术效率测度的是当规模报酬可变时,合作社当前的生产点与生产前沿面之间的差距;而规模效率衡量的是规模报酬不变的生产前沿与规模报酬变化的生产前沿之间的距离。为便于图示说明,这里仅考虑一种投入(X)和一种产出(Y)的情况。

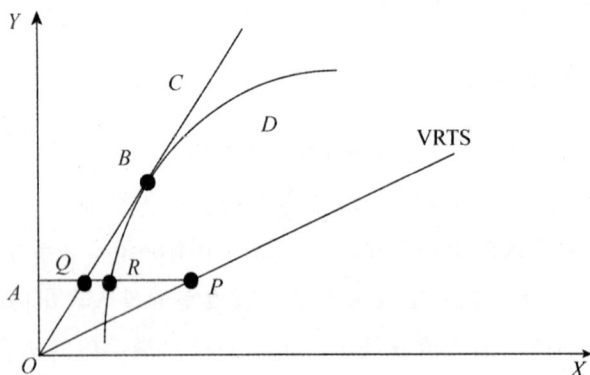

图 4.2　纯技术效率和规模效率

　　如图 4.2,QBC 为规模报酬不变的生产前沿面,RBD 表示规模报酬可变的生产前沿面。假设某合作社在 P 点生产,则考虑了规模报酬可变的合作社纯技术效率(PTE)为:

$$PTE = AR/AP \tag{4.8}$$

　　规模效率(SE)为:

$$SE = AQ/AR \tag{4.9}$$

因此，技术效率（TE）为：

$$TE = AQ/AP = (AR/AP) \times (AQ/AR) = PTE \times SE$$

即

$$TE = PTE \times SE \tag{4.10}$$

合作社效率值的上述测度模型来源于 Farrell 的效率理论，该理论模型是后文实证测量合作社静态效率的理论基础。

4.3.3　影响因素

正如上述分析，现实中合作社很少能实现效率状态，且合作社之间总存在效率差异。因此对效率的理论分析至少应包括两部分：第一部分是衡量其效率值，第二部分是探讨效率的影响因素（Kumbhakar & Lovell，2000）。本节首先讨论产品特性与合作社效率的关系，然后重点分析规模、产权结构、内部治理、外部环境等因素对合作社效率的影响。

4.3.3.1　产品特性与合作社效率

本书所指的产品特性主要指合作社进行交易的"那一种"产品的生产技术特性和市场交易特性。黄祖辉等（2002）认为，产品特性是形成农产品交易费用的主要原因，也是影响合作社产生、发展的重要因素。因此，产品特性是影响合作社效率的重要因素。

那么，产品特性如何影响合作社效率呢？黄祖辉、邵科（2010）发现，由于产品特性的差异，不同产品类型的合作社在组织规模、治理结构与运营绩效上都存在差异。换言之，产品特性对合作社发展的影响主要通过产品类型表现出来。并且，在合作社的实践发展中我们不难发现，即使同为营销合作社，不同产品类型的合作社经营管理方式也存在差异。而对合作社进行效率测度的最终目的在于，效率较高的合作社可以为效率较低的合作社提供提高效率的启示，即提供经营管理经验。因此，根据产品特性对合作社分类，将相同类型合作社置于同一生产前沿面所测得的合作社效率值更具有实践指导价值。那么，如何根据产品特性划分产品类型？下面分别从农产品生产技术特性和市场交易特性两个方面讨论产品特性问题。

农产品生产技术特性主要包括生长特性和生产加工特性。就生长特性而言，粮食、蔬菜、水果等植物类农产品生长对气候、温度、水分、土壤、地形等自然环境有独特要求，而畜禽、水产品等动物类产品生长对自然环境的要求相对较低，但对场地的要求较高。因此植物类产品和动物类产品生长特性差别较大。就生产加工特性而言，粮食、棉花等具有可储存、不易损的特性，而蔬菜、水果类产品具有易腐烂、易损坏的特点，畜禽、水产品等也是易腐烂产品，且蔬菜、水果与畜禽、水产品的保鲜及及加工技术存在较大差异。

就市场交易特性而言，一般从资产专用性、不确定性和交易周期性三个维度区分。①关于资产专用性，主要体现为资产投入的专用性和场地的专用性。粮食作物生产技术相对成熟，生产所需机械设备、储藏室等的专用性相对较低，但果树等多年生树木的资产专用性程度则较高。对畜禽、水产品而言，最主要的是饲养、屠宰、加工等环节的场地均有较强的专用性。②关于不确定性，由于粮食供求价格弹性相对较小，市场竞争程度相对缓和，不确定性程度也相对较低。蔬菜、水果类产品具有季节性和易损性，供求价格弹性较大，不确定程度较高。至于畜禽、水产品，其市场竞争激烈，价格弹性较大，不确定性程度也高于粮食类产品。③关于交易周期性，粮食、棉花、油料等产品由于不易腐烂，储存时间较长，全年的交易没有明显的周期性特征。而蔬菜、水果类产品周期性和季节性非常明显。畜禽、水产品交易也具一定的周期性，但不如蔬菜、水果类产品明显。

基于上述对产品特性差异的分析，本书将营销合作社区分为三种类型，即粮食和一般经济作物类、蔬菜水果类和畜禽水产养殖类。并且，因为产品特性的差异，假设不同产品类型合作社之间存在显著的效率差异。

需特别说明的是，虽然根据产品类型分别设定前沿面的测度具有实践价值，但考察的是相同产品类型合作社之间的效率差距，而各类营销合作社处于同一生产前沿面下的总体测度，有助于我们从整体上把握营销合作社的效率水平，以及对各产品类型合作社的效率进行比较。

4.3.3.2 规模与合作社效率

规模是衡量合作社实力的重要指标之一。合作社规模扩大可分为横向和纵向两个方面。①横向主要指合作社社员经济规模的扩大。一般来说，通过扩大经济规模可形成规模经济，获取更大的市场份额，提升合作社的竞争力。但规模的扩大对组织制度成本和管理水平的要求更高(何秀荣,2009)。换言之,社员经济规模的扩大在促进收益增加的同时也将增加成本。②纵向指合作社业务向产前或产后延伸。产前延伸是指向上游的农业生产资料生产环节延伸,如养鸡和养猪合作社农户需要大量的饲料。一般而言,生产设备要求和技术含量不太高的上游企业可内部化到合作社一体化系统中来,这样既可节约生产成本和交易成本,也不会承担太大的市场风险。产后延伸是指向农产品加工业发展。一般认为,农产品的深加工可获得更高的附加值,但也需要更多的资金投入、面临更大的市场风险和更高的人力资本要求(应瑞瑶,2006)。

总之,合作社横向和纵向规模的扩大,一方面可节约费用,获取更大的市场份额,增强合作社与同一产业链上下游企业的谈判能力,有助于提高合作社效率;但另一方面,随着规模的扩大,将会增加合作社的管理成本、协调成本、市场风险等,导致效率下降。从理论上讲,合作社存在一个最佳规模点,即规模效率最高的点。在达到这个点之前,规模的扩大能促进效率的提高,但超过这个点之后,规模的扩大将降低合作社效率。

这里需特别指出两点:第一,合作社是以实现社员利益最大化为目标的企业组织,因此合作社的合理规模就是能使社员的利益得到最大增进的规模。这种合理规模应当是既能有效获得经济收益,使合作社具备持续发展能力,又不会因此影响合作社组织目的实现的一种规模(国鲁来,2005)。第二,合作社本身存在一个适宜规模的问题,且这种适宜规模应随着社会经济活动规模的扩大而相应扩大,合作社只有具有规模的动态适应性,才能在日益激烈的全球竞争中实现较高的效率(何秀荣,2009)。

4.3.3.3 产权与合作社效率

清晰、可交易、安全的产权会更有效率。早在1776年,亚当·斯密就断言个人拥有型的企业因管理者对企业更为关注而效率更高(亚当·斯密,1974)。Jensen和Meckling(1976)认为,定义模糊的产权意味着决策者不再承担其作出的选择所带来的所有后果,因此将导致效率的损失。Milgrom和Roberts(1992)指出,如果产权是不可交易的,那么产权就无法实现最优配置;如果产权是不安全的,那么所有者就不会投入大量的资金,因为他们也许会血本无归。因此,不可交易、不安全的产权将导致低效率。

产权对合作社效率的影响一直是合作社理论经济学者关注的热点。多数合作社经济学家认为，合作社的产权是不清晰的，因而是低效率的（如 Alchian & Demseta，1972；Fama & Jensen，1983；Porter & Scully，1987；等等）。Staatz（1984），Porter 和 Scully（1987），Ferrier 和 Porter（1991）以及 Sexton 和 Iskow（1993）等认为合作社由于严重的代理问题，将导致技术低效率。而合作社的产权问题将引起"视野问题"，并进一步导致配置低效率。Vitaliano（1983）认为，合作社的产权结构特点，如所有权限于全体成员、剩余收益权不可转让、不可追加和赎回、收益在成员间按比例进行分配等，制约了成员的投资动机。因此，Cook（1995）指出，合作社的出路在于对产权问题的纠正和解决。进而，他提出了两个新的合作社模式，即资本寻求实体型合作社与投资者共享型合作社，以吸引外部权益资本，解决传统合作社由于产权不清晰而导致的资本缺乏。

总之，明确的产权关系有助于合作社制定公平而有效的交易规则，有利于抑制机会主义行为的产生，有利于减少不确定性和减少交易费用，有利于将外部性内部化。因此明晰的产权有利于合作社效率的提高。

4.3.3.4　内部治理与合作社效率

合作社的治理是一套制度安排，用来支配若干在合作社中有重大利害关系的团体，包括投资者、经营者、惠顾者之间的关系，并从这种制度安排中实现各自的经济利益（徐旭初，2005）。而合作社治理功能的发挥在于，作用于合作社的资源配置决策和经营管理过程，从而影响资源的使用和流动，进而对合作社的效率产生重要影响。具体而言，合作社治理中哪些因素会对合作社效率（即投入产出效率）产生影响？这是我们需要从静态角度回答的问题。需要特别指出的是，合作社的治理包括内部治理和外部治理，这里所探讨的合作社内部治理的基本框架，是以 2007 年《中华人民共和国农民专业合作社法》为蓝本来研究的，其中的合作社即指我国的农民专业合作社。

合作社的内部治理机构包括社员大会、理事会（理事长）、监事会（执行监事）、经理层四个方面[①]。这四个方面的权力分配与制衡的关系网见图 4.3。

---

① 依据《中华人民共和国农民专业合作社法》，理事会、监事会和经理不是合作社的必设机构，但发展较为成熟和规范的合作社一般均设有理事会和监事会，经理人员则可能是理事长、理事、其他社员或外聘。本书考虑的是合作社设立了理事会、监事会和聘用经理的情况。

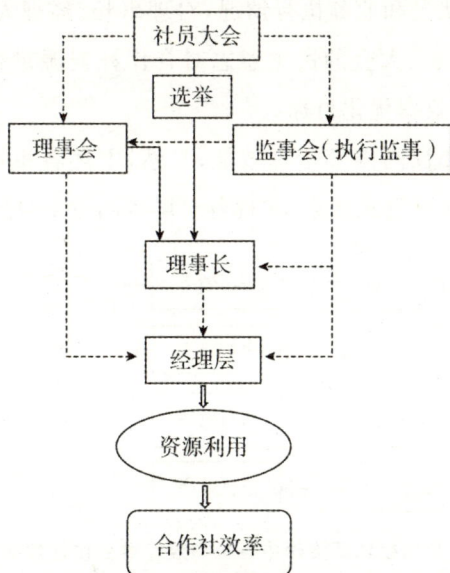

图 4.3　合作社内部治理因素与效率

注：虚线表示我国法律并没有要求合作社必须设立理事会、监事会和聘任经理等机构

从图 4.3 可以看出，社员大会、理事会（理事长）、监事会和经理层之间的基本关系是：社员通过社员大会决定合作社的重大事宜，选举理事会成员，由理事会（理事长）进行合作社的战略管理和重大决策并选聘和考核经理，经理负责具体的生产经营活动，在理事会（理事长）的领导下工作，对理事会（理事长）负责，并最终通过经理人的经营管理直接作用于合作社效率①。

社员（代表）大会是合作社的最高权力机构，合作社的重大事项和理事会成员的选举由全体社员通过投票完成。理事会是合作社的决策机构，是确保社员利益的重要机构，社员通过理事会对合作社经理层的经营活动施加影响。合作社的重大投资项目、经营服务内容、盈余分配等均由理事会成员通过"一人一票"的方式表决。经理层是合作社的执行机构，由理事会或理事长聘任的经理人员（可以由本社社员，包括理事长或理事担任，也可以从外面聘请）直接经营管理合作社，以实现理事会对合作社经营管理的效率目标。监事会（执行监事）是合作社的监督机构，主要是监督合作社的运行，包括监督、

---

① 这里考虑的是合作社设立理事会、监事会和聘用经理的情况。

检查合作社的财务状况和业务执行情况，对理事长、经理人员进行监督，以督促他们按照社员（代表）大会的民主意志对合作社资源进行合理配置与经营管理，并实现合作社效率优化目标。

进一步考察合作社的内部治理效能，显然，上述各机构在履行自己的职责中都存在消化合作社资源要素、实现各自层级的效率目标（如图4.4）。

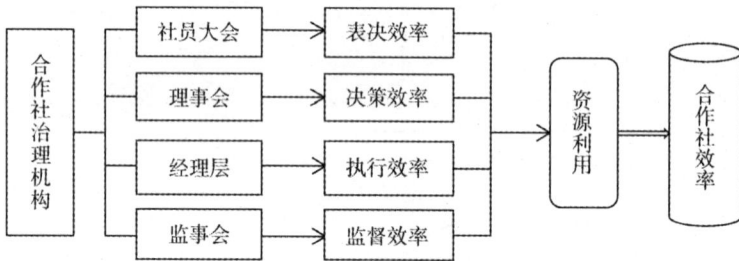

图4.4 合作社内部治理中各机构效能对合作社效率的影响

从图4.4中可见，合作社社员大会的控制能力、议事能力、表决速度等反映了社员大会的表决效率。理事会中理事的胜任能力、对经理人员的遴选和领导能力、对重大事项的决策作用等反映出理事会的决策效率。经理人员的管理、执行能力为经理层的执行效率。监事会所追求的是其监督效率。由此容易得出，合作社各机构的效率最优是合作社效率最优的必要条件。

因此，合作社内部治理效率是实现合作社整体有效率的关键。影响合作社内部治理效率的因素主要包括社员、理事会、监事会、经理，具体分析如下。

（1）社员

合作社社员（代表）大会的表决效率取决于其表决载体——社员。社员通过社员（代表）大会行使其表决权，合作社的本质属性决定了提高社员表决效率需处理好如下几对矛盾：①个人利益与共有产权的矛盾。社员对合作社财产享有联合所有的权益，即社员不仅拥有个人股金的所有权，还与其他社员一起拥有共同财产的所有权。这就意味着，只有将个人产权与其他社员的所有权相结合，共同构成合作社共有产权，才能发挥作用。就单个社员而言，既不能依据个人产权状况来决定合作社财产的使用，也不得索取共有财产收入中的个人所有份额（社员退社或合作社解散时除外）。这种产权的模糊性极容易催生搭便车问题、眼界问题、投资组合问题、控制问题、影响成本问题等五大类问题（Cook，1995）。而在奥尔森（1995）看来，在一个集体中，个人利益与集体利益往往不完全一致，因此对集体有益的目标难以自动实现，这就是所谓的"集体行动的逻辑"。合作社作为一个集体组织，同样摆脱不了集体行动的逻辑。虽然合作社通过所有社员的共同努力，可实现集体共同目标及社员个人目标，但作为有限理性的个体，社员一般只能意识到个人努力不会对合作社产生显著影响，而个人即使不作为也同样能享受到集体的收益，因此社员的最优选择是什么也不做（马彦丽，2007）。显然，这种集体行动的困难会降低社员（代表）大会的决策效率。②按劳分配与资本约束的矛盾。合作社是劳动支配资本而不是资本支配劳动的经济组织，社员通过民主管理的方式行使控制决策权，盈余主要按惠顾额而非股份进行分配，这种"资本报酬有限"的原则将使合作社很难吸引社会资本，资本约束成为制约合作社发展的重要因素。③民主原则与管理低效之间的矛盾。社员主要通过两种方式，即在社员大会上直接对合作社事务进行表决和参与选举产生理事会，将决策权委托给理事会来实现其决策权。然而"一人一票"的民主决策机制不仅会增加达成统一的最优决策的难度，也存在一部分社员侵占另一部分社员利益的风险。因此这种制度可能降低社员（代表）大会的决策效率。从理论上看，许多研究赞成通过制度创新，如明晰产权、多样化的盈余分配方式、"一人一票"与"一人多票"相结合的控制权结构等来处理上述矛盾，进而提高合作社的效率（Alchian & Demseta，1972；Fama & Jensen，1983；Porter & Scully，1987；Sexton & Iskow，1993；Cook，1995；等等）。

从根源上来看，合作社社员的结构及其素质在很大程度上影响着合作社效率。需要特别说明的是，对于上述学者的研究成果，本书无意否决制度创新对提高合作社效率的重要性，只是尝试从社员角度来重新审视这一问题。合作社是一个由社员独立自治的组织，社员是经营、管理合作社的主体，因而即便是制度创新，其主体也应该是社员，而不是外界的强制。因此，考虑社员对合作社效率的影响是必要的。首先，尽管合作社强调"民管"原则，但实际上还是存在着关键社员（通常是发起者、领导者和大股东）与普通社员之分，而这些关键社员无论在最初的制度订立还是日常的管理决策中都拥有着突出的影响力（黄祖辉等，2002）。因此，这些关键社员的素质、能力、个性直接影响到合作社在多大程度上陷入"集体行动的困境"，进而影响到社员大会的决策效率。其次，社员的经济实力通常决定着合作社的经济实力，换言之，社员的资本决定了合作社受"资本约束"的程度有多大。最后,社员是否具有合作精神、合作意识、合作知识和合作传统,对合作社效率的提高也是非常重要的。此外,社员对社长的信任程度、人力资源状况和社员组成结构对合作社发展具有重要作用(Pulfer et al.,2008)。

总之,在一定意义上,合作社效率的提高过程就是社员不断提高自身素质和能力的过程。

(2)理事会

合作社理事会是由社员选举和任命,接受全体社员的委托,承担受托责任的权力机构。根据代理理论的观点,理事会是社员的代理人,社员是委托人,因此,理事会应该向社员负责,为社员的利益最大化服务。虽然理事会不是合作社的必设机构,其在合作社治理结构中的地位不如公司中的地位那么高,但理事会(针对设立了理事会的合作社而言)是合作社对外投资项目、经营服务内容、经营管理的决策中心,凡是社员大会权限以外的业务事项,理事会都有决定权。因此,理事会是合作社重要的内部治理机构,其决策效率将对合作社的整个运行效率产生影响。一般地,理事会应当设置一定的理事,因为一定数量的理事相比于较少的理事更有助于理事会的科学决策,从而有利于提高合作社效率,但超过一定数量的理事,将会降低合作社效率,因为较多的理事要么容易形成利益集团,增加损害其他非理事会社员利益的动机与行为,要么容易在个人利益的驱动下产生利益冲突,影响决策的客观、科学及效率。总之,理事会成员规模会影响合作社效率,并且理论上存在最佳规模。

(3)经理

经理是合作社的经营管理者,负责合作社的生产经营活动,对合作社的运行具有决定作用①。管理者的经验、所受的培训、判断力、智力、人际关系以及个人思想理念等是合作社正常开展各项业务活动的重要前提条件(郭红东等,2009)。这就要求合作社的经理人员具有相比一般社员更高的人力资源和社会资源。首先是人力资源,即具有较高的合作社企业家才能,主要包括组织领导才能、合作精神、经营头脑、从商经验等。经理人员较高的人力资源

---

① 需要注意的是,这里的经理指实际承担经理职责的人员,不是指经理这一职位,如目前多数合作社的理事长承担了经理的职责。

有助于提高合作社内部的管理经营效率。其次是社会资源，主要是在相关产品销售领域或当地政府部门中有良好的社会关系。经理人员有较宽的社会关系，将有助于合作社外部业务活动的开展，能够降低合作社与市场的交易费用等。总之，具有较高的人力资源和社会资源的经理人员将在相当程度上促进合作社效率的提高。

（4）监事会

监事会作为合作社内部的专职监督机构，是社员行使监督权的平台，代表全体社员监督合作社的一切经营管理活动，对社员大会负责。监事会具有完全独立性，主要监督对象是理事会和经理人员。监事会成员必须出席理事会会议，通过各种途径对合作社业务活动进行全面监督。充分发挥监事会的作用，能够防止理事会、经理等的机会主义行为和道德风险，从而有利于提高合作社效率。

4.3.3.5 外部环境与合作社效率

"环境因素既决定着组织形式的选择，又影响着组织效率的发挥。适应性效能，而不是配置性效能，是长期经济增长的关键。"[①]诺斯的这一论断说明了外部环境对组织效率的重要影响。由此可知，合作社的效率取决于其内部治理，也受内部治理与外部环境（外部治理）相容性的影响。这里的环境不仅指制度环境，还包括合作社运行的资源环境和市场环境。

（1）制度环境

制度环境是指一系列用来建立生产、交换与分配机制的政治、社会和法律基本规则，如法律制度、政治体制、经济体制、社会传统等。Egerstrom 运用波特的竞争优势理论分析了政治制度环境、文化环境等对合作社发展的影响，制度环境可能对处于该环境中的合作社提供正向激励或者负向抑制（Egerstrom，2004）。由于制度处于不断变迁之中，制度环境也是不断变化的，组织适应制度环境的能力也会因此而不断改进。这就有必要引出"制度化"的概念。鲍威尔（2008）认为："新老制度主义……都认为制度化是一种状态依赖的过程，这种过程通过限制组织可以进行的选择，而使组织减少了工

---

① ［美］诺斯：《时间历程中的经济绩效》，载诺斯、张五常等著：《制度变革的经验研究》，经济科学出版社 2003 年版。

具理性的色彩。"制度化是一个历史过程。应用到合作社，制度化是指合作社的制度和行为受到所有这些制度环境的影响，不断地做出适应性的改变，使自己在这种制度环境中的生存能力不断提高（熊万胜，2009）。因此，制度环境及其变化对合作社的效率乃至生存有着重要作用。

（2）资源环境

本书所指的资源环境主要是指区域资源环境，即在合作社所进行生产经营活动的区域内，与合作社组织相关的各种资源的种类、数量，更为重要的是这些资源的属性（公共物品、准公共物品、私人物品等），当然，也涉及资产的专用性程度、规模经济性、范围经济性等。黄祖辉等（2002）认为，"合作社的成功创建和发展，必然是一个立足于区域经济、并与之相磨合进而融入其中的过程。这不仅因为农业生产本身就具有地域性特点，还由于地域资源优势将在相当程度上保证现实经济利益的获得和制度创新成本的节约。"由此可见，区域资源环境是合作社的产生、发展的土壤，对合作社的效率必然产生影响。区域资源优势能促进合作社效率提高；反之，区域资源劣势将阻碍合作社效率的提高。

（3）市场环境

市场环境主要是指合作社产品交易的市场特征、市场规模、市场结构以及市场体系的成熟度和有效性。这里重点阐述市场环境对合作社效率的影响，隐含的是竞争与效率的关系问题。合作社所在行业的进入退出壁垒、竞争强度、相关及支持产业和潜在替代者等影响着合作社的获利水平（Egerstrom，2004）。通常进入退出壁垒较低的行业合作社较易进入，但竞争强度较大，激烈的竞争使合作社难以保持长久的竞争优势，除非改进生产技术和经营管理，设法提高其效率。反之，进入退出壁垒较高的行业合作社较难进入，但竞争压力相对较小，获利机会却较多。但处于宽松环境下的合作社并不一定能由于生存压力而产生提高效率的动力。因此，市场竞争对合作社效率产生重要影响，但作用可能是双重的。

总之，合作社所处的外部环境是影响合作社效率的重要因素，它由制度环境、资源环境和市场环境构成，这些因素作为外因，作用于合作社的内部治理要素，通过影响合作社的资源配置与利用，对合作社效率产生实质性作用。

4.4 合作社的长期目标定位：动态效率最优

通过上述分析可知，在长期，合作社追求的是动态效率最优。但是，合作社的动态效率分析较静态效率更为复杂，其主要原因是合作社的内部和外部环境都将随着时空的变迁而发生改变。因此，评价合作社的动态效率时需考虑时间因素，其投入产出量需根据随时间变动的价格加以调整。

4.4.1 技术效率、规模经济与生产率

关于合作社动态效率或生产率变化的来源，本章将以合作社生产率增长情形为例进行详细阐述①。在不考虑由时间因素引起的技术变化情况时，如图 4.5，假设曲线 OF' 为生产前沿，某合作社处于点 A 的位置，那么，我们可用起于原点并过 A 点的射线来测算其生产率，为 y/x。如果该合作社从点 A 移动到有效点 B，那么该射线的斜率增大，这意味着合作社在点 B 的生产率更高，且已经实现技术有效率。如移动到点 C，点 C（从技术上讲）是最优规模点。这时，自原点的射线与生产前沿相切，该点是生产率最大的点。换言之，在生产前沿上其他任何点的生产率均低于点 C。由此可知，合作社从点 A 移动到点 B 是技术效率提高的结果，而从点 B 到点 C 是其寻求

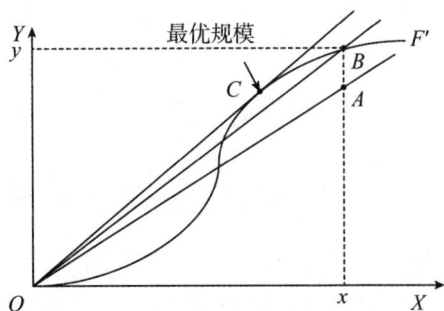

图 4.5　生产率、技术效率及规模经济

---

① 合作社生产率出现负增长的情形，将图 4.3、图 4.4、图 4.5 中合作社的移动路径反方向移动即是。

规模经济的结果。这就说明在长期,合作社可通过提高技术效率来实现生产率的提升,即使已实现技术有效率,仍可通过寻求规模经济来提高合作社的生产率。

4.4.2 技术进步与生产率

如果考虑时间因素,那么合作社生产率提高还可能是技术进步的原因。当然,技术退步也是有可能的,当出现这种情况时,将阻碍合作社生产率的增长。如图 4.6,时期 0 的生产前沿 OF_0' 上升到时期的生产前沿 OF_1',表示合作社从时期到时期发生了技术进步,这对合作社的生产率增长具有推动作用。反之,如果时期 0 的生产前沿 OF_0' 下降到时期 1 的生产前沿 OF_{11}',表示合作社从时期 0 到时期 1 发生了技术退步,这将阻碍合作社生产率的增长。

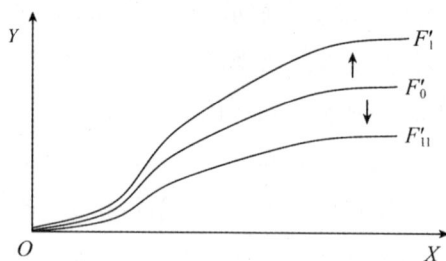

图 4.6　两个时期之间的技术变化

因此,当合作社从时期 0 到时期 1 的生产率出现增长时,有可能是技术效率提高的结果,也有可能是技术进步或寻找规模经济的结果,当然,还可能是这三种因素的某种组合结果。反之则不然。

4.5　合作社效率最优的实现机理

通过本章上述几节的分析,我们可以得知,合作社的投入产出效率实现最优是一个分时期或分阶段的动态发展过程。合作社只能在短期,也就是第一阶段实现静态效率最优的前提下去追求长期,即第二阶段的动态效率最优。

从静态的角度来看,根据上文的分析可知,一个能够实现投入产出静态效率目标的合作社必须依赖于内部治理机制与外部环境(治理机制)的协调配合运行。外部治理因素对合作社的内部治理因素产生影响，进而内部治理因素通过影响合作社的资源配置，作用于合作社静态效率的实现过程（如图 4.7）。

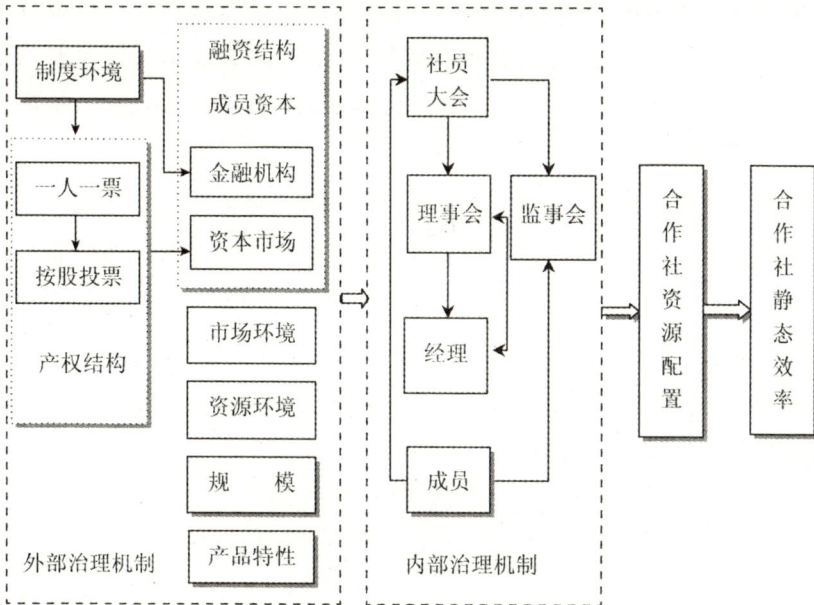

图 4.7　合作社静态效率的实现机制

图 4.7 表明，合作社外部治理因素是影响合作社内部治理效率的环境因素，它由制度环境、资源环境、市场环境等要素构成，这些要素作为外因，作用于合作社的内部治理要素，通过影响合作社的资源配置与利用决策，从而对合作社效率产生实质性作用。在合作社的外部因素中，制度环境具有基础性作用，它不仅作用于合作社的融资结构的形成，而且构成了合作社产权安排的外部约束。例如，强调或者容许按股投票的制度更容易刺激资本市场的发展，将改变原有的融资结构，合作社治理将更倾向于外部机制的有效，或倾向于企业治理。为保持合作社为成员使用和所有的本质特征，制度约束起到了根本性作用。

市场环境、资源环境等外部治理机制（环境）直接作用于合作社的内部治理要素，包括成员大会、理事会、经理、监事会、成员等内部要素。在这些要素中，只有成员大会与理事会、理事会与经理具有指令传递流，其余均为信息传递流；经理层发送的信息流越多，理事会接受的信息流就越多；成员发送的信息流越多，成员大会接收的信息也越多；成员大会、理事会和监事会依靠经理和成员提供的信息进行判断。因此，这说明只有成员积极地参与合作社事务、提高参与效率，成员大会正确地行使表决权、提高表决效率，理事会充分发挥其科学决策功能、提高决策效率，经理层积极勤勉地对合作社进行经营管理，才能实现合作社资源的合理有效配置，在一定程度上实现企业效率的提高。这里需要特别指出的是，成员是合作社的主体和核心，因此，提高成员参与合作社各项事务的能力尤为重要。

进一步从动态的角度来看，合作社内部治理要素之间的信息流交流到合作社外部，成为外部要素动态调整的重要诱因。同样，合作社外部要素的信息流作用于内部治理要素，使合作社内部治理要素的功能和作用得到有效发挥，促进合作社资源优化配置，以促使合作社实现动态效率最优。

总之，一个能够实现静态和动态效率目标的合作社必须依赖于内部机制与外部机制的协调配合运行。

5 合作社静态效率实证研究：
以浙江营销合作社为例

第4章从理论上分析了合作社静态效率的评价方法以及影响效率的因素，本章将在此基础上，使用浙江省营销合作社数据，运用 Bootstrap-DEA 两阶段模型进行实证分析，探讨合作社的效率水平以及影响效率的主要因素。具体而言，第一阶段采用 Bootstrap-DEA 模型准确测度浙江省粮食和一般经济作物类、蔬菜水果类和畜禽水产养殖类三类营销合作社总体及细分产品类型的技术效率、纯技术效率和规模效率，确定各产品类型合作社各效率的相对值。第二阶段运用单侧截断 Bootstrap(single truncated Bootstrap)方法分别考察各产品类型合作社各效率的影响因素。

5.1 模型、指标与数据

5.1.1 模型选择

目前测度合作社静态效率的实证方法主要有参数法和非参数法。这两种方法各有其优缺点，前者的优点在于考虑到了随机偏误并对假设进行统计检验，缺陷是在假定前沿面之前就确定了具体的函数形式(Galdeano,2008)，并且这种使用统计方法所估计出的生产函数并不能表现出真实的前沿面，所得出的函数实际上也是非有效的，因为这种估计是将有效决策单元与非有效决策单元混为一谈而得出的(魏权龄,1988)。此外，该方法局限于单一产出。

相比之下,后者不需要设定具体的函数形式,可直接分析多投入、多产出的复杂生产关系,且输入输出指标无须统一单位,通过求解线性规划确定输入输出权重,能够避免人为确定权重的主观影响,还可提供许多有用的管理信息(魏权龄,1988)。但是,以 DEA 为代表的非参数方法的缺陷也是非常明显的:(1)没有考虑随机误差(Simar & Wilson,1998,2000);(2)难以确定其估计量渐进分布的一般情形,其估计量对于绝对效率水平的估计来说是有偏的、不一致的(Kniep et al. ,2003);(3)在估计置信区间时,对有限分布的未知参数的估计将产生额外噪音(Simar & Wilson,2000)。为解决传统 DEA 方法的这些缺陷,Simar 和 Wilson(1998,2000)发展的 Bootstrap 方法采用重复自抽样方法来推断 DEA 估计量的经验分布,所得到的估计量在比较宽松的条件下与实际值具有一致性。到目前为止,Bootstrap 方法仍然是弥补 DEA 缺陷的唯一可行的方法(Wilson,2006),并且该方法的运用也日益广泛和深入(Galdeano,2008;黄祖辉,2011)。

因此,本章采用 Bootstrap-DEA 方法测度浙江营销合作社的静态效率,即技术效率、纯技术效率和规模效率。

5.1.1.1 DEA 模型

Farrell(1957)所构造的效率测度方法真正广泛运用于实证研究是在美国运筹学家 Charnes、Cooper 以及 Rhodes 教授于 1978 年提出数据包络分析(Data Envelopment Analysis,DEA)方法之后。Charnes 等(1978)提出运用 DEA 模型来评价部门间的相对有效性。该方法的基本原理是,通过保持相同类型决策单元(decision making units,DMU)的投入或产出不变,借助数学规划法确定相对有效的生产前沿面,将这些决策单元投影到生产前沿面上,通过比较决策单元偏离 DEA 前沿面的程度来评价其相对有效性。所谓相同类型决策单元,是指它们至少需要具有相同的目标和任务、相同的投入和产出指标等共同特征(Charnes et al. ,1978;魏权龄,1988)。因此,运用 DEA 方法测算技术效率的前提是决策单元(样本)具有上述相同特征。

在 DEA 方法理论体系中最具有代表性的是 Charnes 等(1978)提出的基于规模报酬不变(Constant Return to Scale,CRS)的 CCR 模型和 Banker 等(1984)提出的基于可变规模报酬(variable return to scale,VRS)的 BCC 模

型。由于 CCR 模型隐含着规模大小不影响效率的假设，但这在许多情况下难以符合实际，并且当被考察的 DMU 不是全部处于最佳规模时，会使技术效率和规模效率混杂在一起，而 BCC 模型能有效克服 CCR 模型的以上缺陷，即考虑了规模报酬可变的情况，允许技术效率的计算不受规模效率的影响。在可变规模报酬（VRS）下，技术效率又可分解为纯技术效率和规模效率。基于此，本章测量合作社可变规模报酬（VRS）下的技术效率、纯技术效率和规模效率。

需要说明的是，在 DEA 模型的具体运用中，通常有以投入为导向（input-oriented）和以产出为导向（output-oriented）两种形式。以投入为导向指在现有产出水平下，使投入最小化；以产出为导向指在现有投入水平下，使产出最大化。这两种形式并无本质区别，本章选择以产出为导向的形式测度合作社的效率值。

把每一个营销合作社看作一个生产决策单位，其生产活动受到生产集 $\chi = \{(x_i, y_i), i = 1, 2, \cdots, n\}$ 的约束，可实现的点为 (x, y)，则有：

$$\Psi = \{(x, y) \in R_+^{p+q} \mid x \text{ can produce } y\} \tag{5.1}$$

根据 Simar 和 Wilson（2000）的假设，即 Ψ 是凸的，可以构造生产可行性集 $\hat{\Psi}$ 替代，有：

$$\hat{\Psi}(X_n) = \left\{ (x, y) \in R_+^{p+q} \mid y \leqslant \sum_{i=1}^{n} \gamma_i y_i, \ x \geqslant \sum_{i=1}^{n} \gamma_i x_i \right\} \tag{5.2}$$

（5.2）式中，X_n 为可观察的合作社样本，且有 $X_n = \{(x_i, y_i), i = 1, 2, \cdots, n\}$，$(x_i, y_i) \in \Psi, i = 1, 2, \cdots, n$；$\gamma$ 表示投入与产出的比重，有 $\sum_{i=1}^{n} \gamma_i = 1, \gamma_i \geqslant 0$，$\forall i = 1, 2, \cdots, n$。对于给定的合作社投入 — 产出组合 (x_k, y_k)，容易得到 DEA 方法估计的效率值为 $\hat{\theta}(x_k, y_k)$。

如果 $\hat{\theta}(x_k, y_k) = 1$，则说明合作社 k 处于生产前沿面上，其效率值为 1，是有效率的，而如果 $\hat{\theta}(x_k, y_k) < 1$，则表明合作社 k 处于前沿面之下，是低效率的。

5.1.1.2　Bootstrap 程序

Efron（1979）首先提出了 Bootstrap 方法，而 Simar（1992）以及 Simar 和 Wilson（1998）则首次把 Bootstrap 程序运用于非参数前沿模型的效率测量。

其本质是通过抽取样本(x_i^*, y_i^*)取代原始样本Φ，使之具有一致性。基本思想是：令p是$\Phi = \{(x_i, y_i) | i = 1, 2, \cdots, n\}$的数据生成过程，如果$\hat{p}$是$p$的一个一致估计量，则可以用已知的Bootstrap分布模拟未知的原始分布，则有：

$$(\hat{\theta}^*(x, y) - \hat{\theta}(x, y)) \mid \hat{p} \sim (\hat{\theta}(x, y) - \theta(x, y)) \mid p \tag{5.3}$$

其中，$\hat{\theta}^*(x, y)$是$\hat{p}$由Bootstrap方法生成的伪样本$\Phi^* = \{(x_i^*, y_i^*) | i = 1, 2, \cdots, n\}$的效率值。

由于未知总体的密度函数f是连续的，而原始Bootstrap(Naive Bootstrap)样本从离散的样本中随机抽取而来，因此，从原始Bootstrap样本得到的估计量是总体密度函数的非一致估计量(Ray, 2004)。因此，一般采取平滑Bootstrap(Smoothed Bootstrap)克服这一问题。

具体的Bootstrap算法步骤详见附录。

一旦得到$\hat{\theta}^*(x, y)$，$b = 1, 2, \cdots, B$，我们就可以计算原始估计量$\hat{\theta}(x, y)$的Bootstrap偏差估计

$$\overset{\cap}{\text{bias}}_B[\hat{\theta}(x, y)] = B^{-1} \sum_{b=1}^{B} \hat{\theta}_b^*(x, y) - \hat{\theta}(x, y) \tag{5.4}$$

但它仅仅是偏差范围内的经验Bootstrap类推，即$E[\hat{\theta}(x, y)] - \theta(x, y)$。可计算得到$\theta(x, y)$的纠偏估计量为

$$\hat{\hat{\theta}}(x, y) = \hat{\theta}(x, y) - \text{bias}_B[\hat{\theta}(x, y)] = 2\hat{\theta}(x, y) - B^{-1} \sum_{b=1}^{B} \hat{\theta}_b^*(x, y) \tag{5.5}$$

根据Simar和Wilson(1999)的方法，可以利用Bootstrap值$\hat{\theta}^*(x, y)$构建真实值$\theta(x, y)$的置信区间。如果已知$(\hat{\theta}(x, y) - \theta(x, y))$，则对于某个较小的值$\delta$，如0.1或0.05，可以找到值$a_\delta, b_\delta$，使得

$$\text{Prob}(a_\delta \leqslant \hat{\theta}(x, y) - \theta(x, y) \leqslant b_\delta) = 1 - \delta \tag{5.6}$$

这是容易实现的，但由于我们不知道这个分布，可行的办法是通过Bootstrap值找到a_δ^*, b_δ^*，并当重复次数$Q_i = f(X_{i1}, X_{i2}, X_{i3})$时，有

$$\text{Prob}(a_\delta\delta \leqslant \hat{\theta}(x, y) - \theta(x, y) \leqslant b_\delta^* \mid \chi) = 1 - \delta \tag{5.7}$$

成立的概率为 1。

由于 $(\hat{\theta}^*(x,y)-\hat{\theta}(x,y))\,|\,\hat{p}\sim(\hat{\theta}(x,y)-\theta(x,y))\,|\,p$，用 a_δ^*，b_δ^* 代替式 (5.7) 中的 a_δ，b_δ，可得到 Bootstrap 近似

$$\text{Prob}(a_\delta^*\leqslant\hat{\theta}(x,y)-\theta(x,y)\leqslant b_\delta^*\mid\chi)=1-\delta \qquad (5.8)$$

于是，可以得到置信水平为 $(1-\delta)\%$ 的置信区间

$$\hat{\theta}(x,y)-b_\delta^*\leqslant\theta(x,y)\leqslant\hat{\theta}(x,y)-a_\delta^* \qquad (5.9)$$

因为 $\theta(x_0,y_0)\leqslant\hat{\theta}(x_0,y_0)\leqslant1$，类似的，有 $\hat{\theta}_b^*(x_0,y_0)\leqslant\hat{\theta}(x_0,y_0)$，$\forall b=1,2,\cdots,B$，且有 $0\leqslant a_\delta^*\leqslant b_\delta^*\leqslant1$，又由于 $\hat{\theta}(x_0,y_0)$ 是 $\theta(x_0,y_0)$ 的向上有偏估计量，所以仅当 $a_\delta^*=0$ 时，方程 (5.9) 中所估计的置信区间包含原始估计值 $\hat{\theta}(x_0,y_0)$ 且位于区间的下边界上，一般将落在置信区间的外面。

5.1.2 投入产出指标

效率测量中的一个重要问题是投入产出的指标选取。表 5.1 列举了有关营销合作社效率研究投入产出指标的代表性实证文献。

表 5.1 营销合作社效率的投入、产出指标

有关研究	投入指标	产出指标
Kebede & Schreiner(1996)	资本 劳动 经常费用 运输成本 其他支出	总收入
Galdeano(2006)	资本 劳动	价值增值
Soboh et al. (2009)	固定资产 原材料成本 劳动成本	总营业额
黄祖辉等(2011)	资本 劳动 其他支出	总收入

从表 5.1 中可见，首先，像其他行业一样，资本和劳动是营销合作社最主

要的投入①。此外，另外一些学者还将合作社统一购买的原材料（如种子、化肥等）成本，以及由于管理、业务等所产生的一些费用列为投入指标。选取更多的投入指标以尽可能将细节问题考虑周全，但这会增加指标之间多重共线性的风险，另一方面，如果投入指标过少，将可能遗漏掉一些重要信息（Singbo & Lansink，2010）。为在避免多重共线性的情况下尽可能准确地反映现实，在本章中，营销合作社效率测量的具体的投入产出函数模型如下：

$$Q_i = f(X_{i1}, X_{i2}, X_{i3}) \tag{5.10}$$

其中，Q_i 为合作社 i 的产出指标，用当年合作社总收入（万元）表示；X_{i1}、X_{i2} 和 X_{i3} 为合作社的投入指标，分别是资本、劳动和其他投入。其中，资本用固定资产净值（万元）来反映；劳动投入用劳动力数量即合作社成员数量（个）来表示②；其他投入用合作社用于统一购买生产投入品的支出、管理费用等的总计额来表示。

5.1.3　数据来源

本章分析的数据来源于浙江省农业厅收集的全省农民专业合作社 2009年度财务数据库中的营销合作社数据。该数据库基本上包括了浙江省全省范围内所有合作社，数量庞杂，那些发展并不规范甚至名存实亡的合作社也包括在内，因此有必要对数据做进一步处理。首先采取随机抽样的方式抽取1500 家营销合作社，然后将那些数据不完整（即农业厅所要求填报的所有指标数据）和当年总收入为负的合作社从样本中删除。这样共得到 1041 家样本合作社。

根据第 4 章的分析，将营销合作社分为粮食和一般经济作物类、蔬菜水果类和畜禽水产养殖类三种类型。这样，在 1041 家样本合作社中，三类营销合作社的样本量分别为 267 家、322 家和 452 家。分别对粮食和一般经济作物类、蔬菜水果类和畜禽水产养殖类三类合作社的投入产出变量进行描述性统计分析，具体结果见表 5.2。

---

①　现有文献一般用劳动成本或劳动力数量指标来表示劳动投入，用固定资产或资本总额指标代表资本投入。

②　劳动投入可用劳动时间或劳动力数量来衡量，考虑到劳动时间的数据难以获得，因此，此处用劳动力数量来表示。

表 5.2 各类合作社样本的描述统计

统计项目	粮食和一般 经济作物类		蔬菜 水果类		畜禽水产 养殖类	
变量	均值	标准差	均值	标准差	均值	标准差
总收入（万元）	281.12	558.77	283.68	383.68	694.40	1408.11
固定资产净值（万元）	54.12	86.78	53.50	94.23	192.04	727.41
合作社成员数（人）	74.87	164.13	58.24	99.15	53.86	96.91
其他投入（万元）	255.52	540.58	258.95	367.94	604.09	1214.05

数据来源：笔者计算。

表 5.2 中三类样本的描述性统计表明：粮食和一般经济作物类合作社的平均社员数大于其他两类；蔬菜水果类合作社固定资产净值均值在三类合作社中最小；畜禽水产养殖类合作社固定资产净值、其他投入和总收入均值都远远高于其他两类。由此可见，三类合作社的投入、产出变量之间存在较大异质性。

5.2 静态效率测度结果与分析

本章将在下面的实证分析中，测度各类营销合作社处于同一生产前沿面下的总体效率，并对其效率水平进行比较，又分别测量了各类合作社处于不同生产前沿面下的效率，并对各类合作社内部的效率差距进行比较。

使用 R（version 2.11.1）软件分别计算浙江省 1041 家营销合作社，以及 267 家粮食和一般经济作物类、452 家蔬菜水果类和 322 家畜禽水产养殖类营销合作社在 CRS（规模报酬不变）下的技术效率（TE）和 VRS（规模报酬可变）下的纯技术效率（PTE），规模效率（SE）由 SE＝TE/PTE 求得。

5.2.1 两样本 t 检验

在对估计结果进行经济分析之前，采用两样本 t 检验（假设方差不相等）方法考察全部营销合作社，以及分类考察的粮食和一般经济作物类、蔬菜水果类和畜禽水产养殖类三类营销合作社传统 DEA 估计值与 Bootstrap-DEA 估计量的差异性（结果分别见表 5.3、表 5.4、表 5.5 和表 5.6）。

表 5.3　全部合作社平均效率的两样本 t 检验(假设方差不相等)

	θ_c	$\theta_c{}'$	θ_v	$\theta_v{}'$
观测值	1041	1041	1041	1041
均值	0.4911	0.4394	0.5976	0.5178
方差	0.1903	0.1583	0.1893	0.1564
原假设均值差	0		0	
均值之差	0.0517		0.0798	
t 值	6.7344		10.4820	
Sig.	0.0000		0.0000	

注：θ_c、$\theta_c{}'$ 和 θ_v、$\theta_v{}'$ 分别表示运用传统 DEA 方法和 Bootstrap-DEA 方法所估计的全部营销合作社 CRS 下的技术效率和 VRS 下的纯技术效率。

数据来源：笔者计算。

表 5.4　粮食和一般经济作物类合作社平均效率的两样本 t 检验(假设方差不相等)

	θ_{c1}	$\theta_{c1}{}'$	θ_{v1}	$\theta_{v1}{}'$
观测值	267	267	267	267
均值	0.6074	0.5393	0.7217	0.6268
方差	0.2041	0.1770	0.1987	0.1655
原假设均值差	0		0	
均值之差	0.0681		0.0949	
t 值	4.1189		5.9949	
Sig.	0.0000		0.0000	

注：θ_{c1}、$\theta_{c1}{}'$ 和 θ_{v1}、$\theta_{v1}{}'$ 分别表示运用传统 DEA 方法和 Bootstrap-DEA 方法所估计的粮食和一般经济作物类合作社 CRS 下的技术效率和 VRS 下的纯技术效率。

数据来源：笔者计算。

表 5.5　蔬菜水果类合作社平均效率的两样本 t 检验(假设方差不相等)

	θ_{c2}	$\theta_{c2}{}'$	θ_{v2}	$\theta_{v2}{}'$
观测值	452	452	452	452
均值	0.5304	0.4654	0.6553	0.5638
方差	0.2059	0.1663	0.2010	0.1616

	θ_{c2}	θ_{c2}'	θ_{v2}	θ_{v2}'
原假设均值差	0		0	
均值之差	0.0650		0.0915	
t 值	5.2238		7.5407	
Sig.	0.0000		0.0000	

注：θ_{c2}、θ_{c2}' 和 θ_{v2}、θ_{v2}' 分别表示运用传统 DEA 方法和 Bootstrap-DEA 方法所估计的蔬菜水果类合作社 CRS 下的技术效率和 VRS 下的纯技术效率。

数据来源：笔者计算。

表 5.6 畜禽水产养殖类合作社平均效率的两样本 t 检验(假设方差不相等)

	θ_{c3}	θ_{c3}'	θ_{v3}	θ_{v3}'
观测值	322	322	322	322
均值	0.5569	0.4761	0.7029	0.6093
方差	0.1858	0.1389	0.1945	0.1561
原假设均值差	0		0	
均值之差	0.0808		0.0936	
t 值	6.2485		6.7375	
Sig.	0.0000		0.0000	

注：θ_{c3}、θ_{c3}' 和 θ_{v3}、θ_{v3}' 分别表示运用传统 DEA 方法和 Bootstrap-DEA 方法所估计的畜禽水产养殖类合作社 CRS 下的技术效率和 VRS 下的纯技术效率。

数据来源：笔者计算。

根据表 5.2、表 5.3、表 5.4 和表 5.5 的结果，在 CRS 和 VRS 两种情况下，均拒绝了两种方法估计的效率均值相等的原假设(在 95% 水平下)，即采用传统 DEA 方法所估计的效率值与 Bootstrap-DEA 方法的估计值存在显著差异，后者显著低于前者，后者更接近真实值。本研究的这一结论证明了在样本量较大(本研究的三类合作社样本分别为 267、452 和 322 家，以及全部样本 1041 家)的情况下，Bootstrap 方法的优点也是明显的[①]。

---

① 一般认为，在小样本量下，DEA 测量的效率值只是近似值，Bootstrap 方法用于小样本分析优势最明显(Simar & Wilson,2000)。

5.2.2 总体测量结果

运用 Bootstrap-DEA 模型估计 1041 家样本合作社的技术、纯技术和规模效率均值。为了更清楚地获得不同产品类型合作社效率的分布状况,本章对1041 家样本合作社的各效率分产品类型进行了整理。表 5.7 分别列出了全部样本合作社,以及粮食和一般经济作物类、蔬菜水果类和畜禽水产养殖类三类合作社的 Bootstrap 估计均值。

表 5.7　合作社整体效率均值

合作社类型	合作社数	技术效率	纯技术效率	规模效率
全部合作社	1041	0.4394	0.5178	0.8486
粮食和一般经济作物类	267	0.4149	0.4850	0.8555
蔬菜水果类	452	0.4429	0.5221	0.8484
畜禽水产养殖类	322	0.4553	0.5388	0.8451

数据来源：笔者计算。

总体上,在规模报酬不变的情况下,营销合作社的技术效率均值为0.4394。这说明,合作社的平均技术效率水平较低,多数合作社距离相对有效生产前沿面较远。其可能的原因是,目前合作社的发展仍处于起步阶段,许多合作社由于管理不善、信息不充分、技术落后等原因约束了对要素的有效利用;也可能是多数合作社规模过小,难以充分发挥规模经济优势。

在规模报酬可变情况下,合作社的技术效率可分解为纯技术和规模效率,其均值分别为 0.5178 和 0.8486,纯技术效率低于规模效率。可以看出,合作社平均技术效率较低主要是由于纯技术低效率。可能的原因是固定资产或劳动投入相对于收益水平而言过多,或者经营不力、管理不善、技术落后。但从另一个角度看,合作社也存在规模低效率,有提高规模效率的潜力。

从各产品类型合作社效率值的分布来看,三类合作社中,畜禽水产养殖类合作社的技术和纯技术效率均值最高,分别为 0.4553 和 0.5388,但规模效率均值最低,为 0.8451。粮食和一般经济作物类合作社的技术、纯技术效率均值最低,分别为 0.4149 和 0.4850,但规模效率均值却处于最高水平，为0.8555。蔬菜水果类合作社的技术、纯技术和规模效率均值处于三类合作社各效率均值的中间水平，分别为0.4429、0.5221和0.8484。

为了考察三类合作社的效率均值在统计上是否具有显著异质性，我们分别对这三类合作社的技术、纯技术和规模效率值两两进行独立样本 t 检验[①]。结果发现，就技术和纯技术效率而言，粮食和一般经济作物类合作社显著低于另外两类，而蔬菜水果类和畜禽水产养殖类两类合作社之间的差异性在统计上不显著。至于规模效率，三类合作社之间均不存在明显差异。上述结果说明，不同产品类型的合作社在经营管理水平上存在显著异质性，但在规模经济效果上差别不明显。

5.2.3　分产品类型测量结果

为了准确评价同一产品类型合作社内部的效率差异，现运用 Bootstrap-DEA 模型分别估计粮食和一般经济作物类、蔬菜水果类和畜禽水产养殖类三类营销合作社的技术、纯技术和规模效率（见表5.8）。

表5.8　各类合作社内部效率均值

合作社类型	合作社数	技术效率	纯技术效率	规模效率
粮食和一般经济作物类	267	0.5393	0.6268	0.8604
蔬菜水果类	452	0.4654	0.5638	0.8253
畜禽水产养殖类	322	0.4761	0.6093	0.7814

数据来源：笔者计算。

从表5.8中可见，粮食和一般经济作物类合作社的技术、纯技术和规模效率均值在三类合作社中都是最高的，分别为0.5393、0.6268和0.8604。这说明该类合作社相对于另外两类合作社而言，其内部各合作社之间在经营管理、技术利用、规模优势发挥等方面的能力差别不大，因而效率差距较小；蔬菜水果类合作社的技术和纯技术效率最低，分别为0.4654和0.5638，表明其内部各合作社之间在经营管理、技术利用等方面的能力相差悬殊；畜禽水产养殖类合作社的规模效率均值最低，为0.7814，说明其内部各合作社的规模

---

① 限于篇幅，具体结果从略，有需要的读者可以向作者索取。

经济效果差异性最大。

不难发现，表5.7和表5.8中各类合作社的效率结果存在差异，这是因为两表中合作社比较的基准不同：表5.7中所有合作社具有相同的前沿面，而表5.8中三类合作社具有各自不同的前沿面。因此，表5.7报告的是各类合作社效率水平的高低，而表5.8列出的是各类合作社内部效率差距的结果。比如，表5.7中畜禽水产养殖类合作社的技术和纯技术效率均值高于其他两类，说明整体来看，该类合作社的技术和纯技术效率水平高于另外两类合作社；而表5.8中粮食和一般经济作物类合作社的技术、纯技术和规模效率均值在三类合作社中最大，表明该类合作社内部各合作社之间的效率差距相比于其他两类合作社最小。

比较表5.7和表5.8中的估计值可以发现：粮食和一般经济作物类合作社的技术、纯技术效率虽然在三类合作社中处于最低水平，但其内部各合作社的技术、纯技术和规模效率差距却是最小的；与粮食和一般经济作物类合作社的效率结果相反，虽然畜禽水产养殖类合作社的技术、纯技术效率在三类合作社中最高，但其内部各合作社之间的效率差距却大于粮食和一般经济作物类合作社，即该类合作社内部各合作社利用投入要素实现最大产出的能力存在较大差距；蔬菜水果类合作社的技术、纯技术效率水平略低于畜禽水产养殖类合作社，显著高于粮食和一般经济作物类合作社，但其内部各合作社之间的技术和纯技术效率差距在三类合作社中最大。上述结果表明，某类合作社的整体效率水平较高，并不一定代表其内部各合作社均有较高的效率值。

此外，根据表5.7和表5.8能够得出一个一致性结论，即合作社的技术效率水平均不高，且技术低效率主要来源于纯技术低效率。

为了能更清楚地获得各类合作社内部合作社效率值的分布状况，我们分别对粮食和一般经济作物类、蔬菜水果类和寻求水产养殖类三类合作社的技术、纯技术和规模效率值的分布情况进行了计算整理，结果分别见表5.9和表5.10。

表 5.9 粮食和一般经济作物类合作社效率值的分布

效率范围	技术效率		纯技术效率		规模效率	
	数量	比重(%)	数量	比重(%)	数量	比重(%)
≤0.2	8	3.00	2	0.75	0	0.00
0.2~0.3	14	5.24	7	2.62	0	0.00
0.3~0.4	46	17.23	16	5.99	1	0.37
0.4~0.5	39	14.61	37	13.86	9	3.37
0.5~0.6	63	23.60	52	19.48	21	7.87
0.6~0.7	44	16.48	56	20.97	32	11.99
0.7~0.8	28	10.49	52	19.48	27	10.11
0.8~0.9	22	8.24	37	13.86	36	13.48
≥0.9	3	1.12	8	3.00	141	52.81
总　数	267	100	267	100	267	100
平均值	0.5393		0.6268		0.8604	

数据来源：笔者计算。

从表 5.9 可见，267 家粮食和一般经济作物类合作社中，有 192 家，即 70% 以上的合作社技术效率值分布于 0.3~0.7，有 8 家低于 0.2，仅有 3 家大于 0.9。纯技术效率值主要分布于 0.4~0.9，有 2 家小于 0.2，8 家大于 0.9。规模效率值主要集中在 0.6 以上，没有规模效率值在 0.3 以下的合作社，有 141 家，即 50% 以上大于 0.9。

表 5.10 蔬菜水果类合作社效率值的分布

效率范围	技术效率		纯技术效率		规模效率	
	数量	比重(%)	数量	比重(%)	数量	比重(%)
≤0.2	28	6.19	3	0.66	0	0.00
0.2~0.3	49	10.84	22	4.87	4	0.88
0.3~0.4	80	17.70	48	10.62	10	2.21
0.4~0.5	125	27.65	96	21.24	23	5.09
0.5~0.6	66	14.60	92	20.35	39	8.63
0.6~0.7	62	13.72	83	18.36	39	8.63

续　表

效率范围	技术效率		纯技术效率		规模效率	
	数量	比重（%）	数量	比重（%）	数量	比重（%）
0.7～0.8	32	7.08	74	16.37	70	15.49
0.8～0.9	9	1.99	33	7.30	63	13.94
≥0.9	1	0.22	1	0.22	204	45.13
总　数	452	100	452	100	452	100
平均值	0.4654		0.5638		0.8253	

数据来源：笔者计算。

由表 5.10 可知,452 家蔬菜水果类合作社中,有 333 家,即 70% 以上的合作社技术效率值分布于 0.3～0.7,有 28 家低于 0.2,仅有 1 家大于 0.9。纯技术效率值主要分布于 0.3～0.8,有 3 家小于 0.2,仅 1 家大于 0.9。规模效率值主要集中在 0.7 以上,没有规模效率值在 0.2 以下的合作社,有 204 家,即 45% 的合作社其规模效率值大于 0.9。

表 5.11　畜禽水产养殖类合作社效率值的分布

效率范围	技术效率		纯技术效率		规模效率	
	数量	比重（%）	数量	比重（%）	数量	比重（%）
≤0.2	2	0.62	0	0.00	2	0.62
0.2～0.3	24	7.45	5	1.55	0	0.00
0.3～0.4	71	22.05	27	8.39	1	0.31
0.4～0.5	99	30.75	55	17.08	14	4.35
0.5～0.6	65	20.19	58	18.01	37	11.49
0.6～0.7	35	10.87	73	22.67	56	17.39
0.7～0.8	21	6.52	68	21.12	44	13.66
0.8～0.9	5	1.55	32	9.94	38	11.80
≥0.9	0	0.00	4	1.24	130	40.37
总　数	322	100	322	100	322	100
平均值	0.4761		0.6093		0.7814	

数据来源：笔者计算。

根据表 5.11,322 家畜禽水产养殖类合作社中,270 家,即 80% 以上的合作社技术效率值分布于 0.3～0.7,有 2 家低于 0.2,没有大于 0.9 的合作社。纯技术效率值主要分布于 0.4～0.8,没有小于 0.2 的合作社,有 4 家大于 0.9。规模效率值主要集中在 0.6 以上有 2 家在 0.2 以下,有 130 家,即 40% 的合作社其规模效率值大于 0.9。

表 5.9、表 5.10 和表 5.11 的结果说明,大多数合作社的技术效率水平较低,只有少数合作社具有较高的技术效率;多数合作社的纯技术效率水平一般;多数合作社具有相对较高的规模效率水平。但是,这并不意味着合作社的规模效率已无须提高,与之相反,结合前文的分析,多数合作社的规模效率仍具有较大的提升空间。

5.2.4　总体与分产品类型测量结果比较

为检验同一产品类型的合作社,在总体测量(视所有产品类型的合作社处于同一前沿面所进行的效率测度)中的效率值与在分产品类型测度(视只有同一产品类型的合作社处于同一前沿面所进行的效率测度)中的效率值是否存在显著差异,我们分别对粮食和一般经济作物类、蔬菜水果类和畜禽水产养殖类三类合作社的技术效率值和纯技术效率值两两进行独立样本 t 检验(见表 5.12、表 5.13 和表 5.14)。

表 5.12　粮食和一般经济作物类合作社平均效率的两样本 t 检验

	θ_{cq1}	θ_{c1}'	θ_{vq1}	θ_{v1}'
观测值	267	267	267	267
均值	0.4149	0.5393	0.4850	0.6268
方差	0.1644	0.1770	0.1607	0.1655
原假设均值差	0		0	
均值之差		−0.1244		−0.1418
t 值		−8.4644		−10.0448
Sig.		0.0000		0.0000

注：θ_{cq1}、θ_{c1}' 和 θ_{vq1}、θ_{v1}' 分别表示运用 Bootstrap-DEA 方法所估计的粮食和一般经济作物类合作社在总体测量和分类测量中,CRS 下的技术效率和 VRS 下的纯技术效率。

数据来源：笔者计算。

表 5.13　蔬菜水果类合作社平均效率的两样本 t 检验

	θ_{cq2}	θ_{c2}'	θ_{vq2}	θ_{v2}'
观测值	452	452	452	452
均值	0.4429	0.4654	0.5221	0.5638
方差	0.1521	0.1663	0.1523	0.1616
原假设均值差	0		0	
均值之差	−0.0225		−0.0417	
t 值	−2.1641		−4.0103	
Sig.	0.0307		0.0001	

注：θ_{cq2}、θ_{c2}' 和 θ_{vq2}、θ_{v2}' 分别表示运用 Bootstrap-DEA 方法所估计的蔬菜水果类合作社在总体测量和分类测量中，CRS 下的技术效率和 VRS 下的纯技术效率。假设方差不相等。

数据来源：笔者计算。

表 5.14　畜禽水产养殖类合作社平均效率的两样本 t 检验

	θ_{cq3}	θ_{c3}'	θ_{vq3}	θ_{v3}'
观测值	322	322	322	322
均值	0.4553	0.4761	0.5388	0.6093
方差	0.1596	0.1389	0.1547	0.1561
原假设均值差	0		0	
均值之差	−0.0208		−0.0705	
t 值	−1.7801		−5.7841	
Sig.	0.0801		0.0000	

注：θ_{cq3}、θ_{c3}' 和 θ_{v3}' 分别表示运用 Bootstrap-DEA 方法所估计的畜禽水产养殖类合作社在总体测量和分类测量中，CRS 下的技术效率和 VRS 下的纯技术效率。

数据来源：笔者计算。

根据表 5.12、表 5.13 和表 5.14 的结果，我们发现，三类合作社的技术效率值与纯技术效率值在总体测量和分产品类型测量中均存在显著差异。这就证明，在一组样本中，效率分数是一个相对值，仅反映该样本中效率的分散程度，与其他组别样本的效率值并无可比性(Coelli et al.，2005)。

进一步分析各类营销合作社效率差异的深层原因，合作社的效率水平受多种因素的影响,其中产品特性、市场竞争等因素非常关键。比如,畜禽、水产等产品供求价格弹性较大,这类合作社除了面临与相同产品类型合作社的竞争,还需与大量同类产品的农业企业竞争,优胜劣汰的压力以及农产品易腐烂等特性促使合作社不断完善治理机制,提高经营管理能力,进而提高经营效率。但同时,由于有些合作社并不能适应这种激烈的竞争环境,其市场份额不断受到挤压,产品价格也难以提升,从而导致这些合作社效率水平较低。所以,尽管畜禽水产养殖类合作社的整体效率水平较高,但也容易导致内部各合作社之间的效率差距扩大;而粮食等产品不易腐烂,供求价格弹性较小,市场竞争程度较为缓和,这就使得合作社改善现有制度缺陷,提高经营管理能力的动力不足,从而比畜禽水产养殖类合作社的经营效率水平低,但这种缓和的竞争环境和不易腐烂的产品特性也使各合作社之间的效率差距不会过大。蔬菜水果类产品易腐烂、易损坏,并且具有非常强的季节性,供求价格弹性大,市场竞争激烈且主要来自同产品类型合作社之间的竞争,这些特点使得该类合作社在技术、纯技术效率水平比畜禽水产养殖类合作社略低,但相差不明显。

至于各类合作社的规模效率差异的原因在于,粮食类产品在规模经济效果的发挥上最具有产品优势,因而其规模效率最高。但由于我国现阶段各类合作社的规模普遍较小,因此三类合作社规模效率的异质性并不显著。

总之,各类营销合作社的效率异质性是众多因素综合作用的集中体现,有其客观必然性。随着现代信息技术的普及,市场化进程的加快,人们对农产品需求的多样化等,中国各类营销合作社效率的异质性现象将继续存在。

5.3 静态效率的影响因素分析

上一小节较准确地测量了营销合作社总体及细分产品类型的静态效率水平,明确了提高静态效率的潜力,并分析了不同产品类型合作社静态效率差异的深层原因。由于产品类型分别设定前沿面的测度具有实践价值,因此,本节将采用单侧截断 Bootstrap(single truncated Bootstrap)方法,进一步考察相同类型合作社内部静态效率差异的原因,即影响单个合作社静态效率的因素，为提高合作社的效率水平提供更为科学、可靠的依据。

5.3.1　实证假设

本节主要检验合作社规模、财务杠杆、理事会规模、负责人企业家才能、社员人力资本、地区经济发展水平、政府激励等 7 项分别与粮食和一般经济作物类、蔬菜水果类和畜禽水产养殖类合作社的技术、纯技术和规模效率之间的内在关系[①]。要检验这种关系，一方面需借助第 3 章提出的各因素对合作社效率影响理论分析的指导，另一方面又需检验各因素对各类合作社各效率的实际影响。为此需提出一系列研究假说，并在本章进行集中检验。此处提出下列营销合作社效率影响因素假说：

假说 5.1：规模影响合作社效率。

一般而言，规模较大的合作社更有实力对产品进行加工、品牌推广、差别化营销等。但是规模并不能无限制扩大，过大的规模有可能会因管理上的不经济而导致成本增加，效率降低。另外，小规模合作社具有反应敏捷、善于把握市场机会等优点。现有关于合作社规模与效率关系的研究成果和各方观点虽有所不同，但在规模会对合作社效率产生影响这一点上却是相同的。因此笔者认为：规模影响合作社效率，但如何影响只有在进行计量检验之后才能作出回答。

假说 5.2：财务杠杆对合作社效率有负向影响。

较高的财务杠杆将增加委托—代理成本，即为了解决由于信息不对称和双方利益失调等问题而发生于委托—代理人之间的监督、合约和激励成本（Jensen & Meckling，1976）。此外，债务还将使投入要素配置不当，进而导致较低的效率水平（Featherstone & Kheraiji，1995）。较高的财务杠杆还有可能对合作社的运营造成负向压力，进而阻碍合作社效率提高。因此一般而言，过大的负债额不利于合作社效率的提高。

假说 5.3：理事会规模与合作社效率呈倒 U 型关系。

就一定规模的合作社而言，规模相对较大的理事会对其功能的发挥可能产生正、负两方面影响。根据组织行为学的观点，当一个特定的工作团体增

---

① 限于数据的可能性，本书的实证分析没有考虑产权对合作社效率的影响。

大时,生产力损失将随之增大。理事会规模过大,会导致理事会成员之间易发生争论,并增大协调难度,造成难以达成一致决策意见,延长决策时间,从而大幅提高决策成本和管理成本。"搭便车问题"也会造成规模相对较大的理事会功能障碍。然而,规模大的理事会也有其正面影响,如较多的理事能为理事会带来较多的知识与经验,可以集思广益,增强民主决策氛围,在一定程度上减少了合作社的决策风险。因此只有规模适度的理事会才有助于提高合作社资源配置决策效率,促进合作社效率的提升。

假说 5.4：负责人的企业家才能越高,合作社效率越高。

合作社负责人(管理者)的企业家才能对合作社的发展起着重要作用。负责人(管理者)的企业家才能意味着具有较好的组织领导才能、合作精神、经营头脑、从商经验、社会关系等。一方面,这有助于提高合作社内部的管理经营效率。另一方面,有助于合作社外部业务活动的开展,能够降低合作社的交易费用等。因此,合作社负责人(管理者)的企业家才能正向影响合作社效率,而曾担任社会职务的负责人(管理者)具有更高的合作社企业家才能。

假说 5.5：社员人力资本越高,合作社效率越高。

合作社是一个由社员独立自治的组织,社员是经营、管理合作社的主体。人力资源状况对合作社发展具有重要作用(Pulfer et al.,2008)。黄祖辉等(2002)认为,社员素质在很大程度上影响着合作社的创建水平和发展水平。因此,社员人力资本的提高有助于合作社效率的提高。此外,社员是否具有合作精神、合作意识、合作知识和合作传统,对合作社效率的提高也非常重要。而对成员进行培训,一方面能提高合作社成员的经营管理知识水平,另一方面也能加强成员的合作意识(苑鹏,2001)。因此,对合作社社员进行培训有利于提高其人力资本,进而提高合作社效率。

假说 5.6：地区经济发展水平正向影响合作社效率。

"环境因素既决定着组织形式的选择,又影响着组织效率的发挥。适应性效能,而不是配置性效能,是长期经济增长的关键。"[1]诺斯的这一论断说明了外部环境对组织效率的重要影响。因此,合作社的效率既取决于合作

---

① 具体结果从略,有需要的读者可以向作者索取。

社的内部治理，也取决于合作社内部治理与外部环境的相容性。黄祖辉等 (2002)认为，合作社的成功创建和发展，是一个立足于区域经济并与之相磨合、进而融入其中的过程。因此，地区经济发展水平对合作社效率具有正向影响。

需要特别说明的是，由于政府政策与合作社之间的效率可能存在内生性，即一种可能是效率较高的合作社才得到政府的支持，如对省级、市级示范合作社的奖励，或者效率较高的合作社由于具有某种特有资源（如特殊社会资本）而获得政府的政策支持；另一种可能是政府倾向于扶持效率较低的合作社。而解决该问题较为有效的方法是工具变量和前定变量，但遗憾的是，我们并没有有效的相关数据。故本章暂不考虑政府政策环境这一因素对合作社效率的影响。

5.3.2　研究设计

5.3.2.1　主要变量定义

TE_i、PTE_i、SE_i 分别为因变量，分别代表本章上一节所测得的各类营销合作社的技术、纯技术和规模效率值。

本节用于实证分析的解释变量如下：$\ln(Size)_i$ 代表合作社的规模，以合作社资产总额的对数表示；LEV_i 为财务杠杆，用合作社年末资产总额与所有者权益额的比值表示；$Board_i$ 反映的是理事会规模，以合作社理事会的成员总人数来衡量；为了考察理事会规模与合作社效率之间是否存在非线性关系，进一步将其平方项 $Board_i^2$ 放入方程；CN_i 反映的是合作社负责人（管理者）的企业家才能，如果负责人（管理者）之前担任过社会职务，那么 CN_i 的取值为 1，否则取值为 0；PX_i 反映的是合作社社员的人力资本状况，如果合作社对社员进行了培训，那么取值为 1，否则取值为 0；$\ln(RJS)_i$ 代表的是合作社所在地区的经济发展状况，用合作社所在县（市）当年农民人均纯收入的对数表示。

本章实证中涉及的具体变量的定义见表 5.15。

表 5.15　本章实证研究中的相关变量定义

	变　　量		含义及说明
因变量	技术效率	TE_i	第 5 章计算得出的各产品类型合作社的技术效率值
	纯技术效率	PTE_i	第 5 章计算得出的各产品类型合作社的纯技术效率值
	规模效率	SE_i	第 5 章计算得出的各产品类型合作社的规模效率值
解释变量	合作社规模	$\ln(Size)_i$	合作社资产总额的对数
	财务杠杆	LEV_i	合作社资产总额/所有者权益额
	理事会规模	$Board_i$	理事会成员总人数的对数
		$Board_i^2$	理事会成员总人数对数的平方
	负责人企业家才能	CN_i	虚拟变量。若负责人曾经担任社会职务，$CN_i=1$；否则，$CN_i=0$
	社员人力资本	PX_i	虚拟变量。若在 2009 年对社员进行了培训，$PX_i=1$；否则，$PX_i=0$
	地区经济发展状况	$\ln(RJS)_i$	合作社所在县(市)当年农民人均纯收入的对数

注：各变量的下标 i 代表合作社的产品类型，取值为 1,2,3，$i=1,2$ 和 3 分别代表的是粮食和一般经济作物类营销合作社、蔬菜水果类营销合作社和畜禽水产养殖类营销合作社。

5.3.2.2　模型与方法

当分析效率的影响因素时，通常用到标准的 DEA 两阶段方法，主要有 DEA-Tobit 和 DEA-OLS 方法，如 Ariyaratne 等（2000）、Hailu 和 Jeffrey（2005）等使用 DEA-Tobit 两阶段模型，在运用传统 DEA 方法测量销售合作社效率的基础上，使用 Tobit 模型检验合作社特征对效率的影响。但是，这种传统方法存在一些问题：（1）第一阶段测量的效率得分值并不是真实值，而是相互依赖的经验估计值，这将使以误差项独立分布为假设的传统方法失效（Barros et al.，2008）；（2）更为严重的是，用传统 DEA 方法测得的估计量是有偏的，这将导致第二阶段的回归无效（Simar & Wilson，2007）；（3）传统方法既不能对第二阶段的估计值给出统计上的解释，也无法为数据生成过程（Data Generating Process，DGP）提供一致性描述（Simar & Wilson，2007）；（4）所估计的样本只是全体样本的一小部分，并没有观测到所有样本，并且其估计值在 0 到 1 区间内，因此，OLS 模型所估计的结果是有偏的，而 Tobit 模型的估计结果具有不一致性[①]。克服以上缺陷的可行方案是：在第一阶段使用 Bootstrap-DEA 方法纠正传统 DEA 估计量的偏误（Horowitz，2001），在第二阶段采用单侧截断 Bootstrap（single truncated Bootstrap）程序进行回归分析[②]。

基于上述分析，我们采用单侧截断 Bootstrap 方法分析影响营销合作社效率的因素。根据 Simar 和 Wilson（2007）所建立的模型，定义营销合作社效率的影响因素模型为：

$$\text{TE}_j = a + Z_j \delta + \varepsilon_j,\ j = 1,2,\cdots,n \tag{5.11}$$

其中 TE_j 为第 j 家合作社的效率值（因变量），Z_j 为影响效率的因素（解释变量），δ 是被估计参数，a 是常数项，ε_j 是统计噪声。注意到 ε_j 的分布受到条件 $\varepsilon_j \geqslant 1 - a - Z_j \delta$ 的约束，我们采用 Simar 和 Wilson（2007）的假设，即 ε_j 的分布是被截断（truncated）的，未知方差与一处（左边）截断点由这一条件决定。进一步地，我们用 DEA 估计值 $\widehat{\text{TE}}_j$ 代替（5.11）式中所不能观测到的真实值 TE_j，于是，计量模型由下式给定：

$$\widehat{\text{TE}}_j \approx a + Z_j \delta + \varepsilon_j,\ j = 1,2,\cdots,n \tag{5.12}$$

且有 $\varepsilon_j \sim N(0, \sigma_\delta^2)$，若 $\varepsilon_j \geqslant 1 - a - Z_j \delta, j = 1,2,\cdots,n$。

关于 $(\delta, \sigma_\delta^2)$，可根据我们的数据运用最大似然函数估计得出，并使用参数 Bootstrap 回归方法构造参数 $(\delta, \sigma_\delta^2)$ 估计值的置信区间。

关于截断 Bootstrap 的具体法则，Simar 和 Wilson（2007）进行了详细说明，这里不再赘述。

根据前文对合作社影响因素变量的定义，我们构建具体的合作社技术效率影响因素模型为：

$$\begin{aligned}
\widehat{\text{TE}}_{ij} = {} & a + \beta_{i1} \ln(\text{Size})_{ij} + \beta_{i2} \text{LEV}_{ij} + \beta_{i3} \text{Board}_{ij} + \beta_{i4} \text{Board}_{ij}^2 \\
& + \beta_{i5} \text{CN}_{ij} + \beta_{i6} \text{PX}_{ij} + \beta_{i7} \ln(\text{RJS})_{ij} + \varepsilon_{ij}
\end{aligned} \tag{5.13}$$

---

① Maddala（1983）对 OLS、Tobit 与 Truncated 回归模型的特点、适用条件等进行了详细论述。

② Simar 和 Wilson（2007）的实例研究证明了在第二阶段运用 Tobit 回归的失败和采用截断回归模型的成功。

在(5.13)式中,$i = 1,2,3$;$j = 1,2,\cdots,n$;$\widehat{TE}_{ij}$ 为在第一阶段测得的第 i 类合作社中第 j 家合作社的技术效率值(因变量),$\ln(Size)_{ij}$ 表示资产总额的对数;LEV_{ij} 为总负债与资产总额的比率;$Board_{ij}$ 是理事会成员总人数;$Board_{ij}^2$ 代表理事会成员总人数的平方;CN_{ij} 代表合作社负责人特征的哑变量,如果负责人曾经担有社会职务,CN_{ij} 等于1,否则为0;PX_{ij} 表示合作社成员人均培训次数;$\ln(RJS)_{ij}$ 为合作社所在县(市)当年农民人均纯收入的对数。$\beta_{i1},\beta_{i2}\cdots,$ β_{i7} 为被估计系数,a 是常数项,ε_{ij} 是统计噪声。

同理,可以得到合作社纯技术效率和规模效率影响因素模型分别为:

$$\widehat{PTE}_{ij} = a + \beta_{i1}\ln(Size)_{ij} + \beta_{i2}LEV_{ij} + \beta_{i3}Board_{ij} + \beta_{i4}Board_{ij}^2$$
$$+ \beta_{i5}CN_{ij} + \beta_{i6}PX_{ij} + \beta_{i7}\ln(RJS)_{ij} + \varepsilon_{ij}$$

$$\widehat{SE}_{ij} = a + \beta_{i1}\ln(Size)_{ij} + \beta_{i2}LEV_{ij} + \beta_{i3}Board_{ij} + \beta_{i4}Board_{ij}^2$$
$$+ \beta_{i5}CN_{ij} + \beta_{i6}PX_{ij} + \beta_{i7}\ln(RJS)_{ij} + \varepsilon_{ij}$$

5.3.3　检验结果与分析

5.3.3.1　描述性分析

表5.16反映的是粮食和一般经济作物类合作社主要变量的描述性统计结果。可以发现,在267家样本合作社中,取自然对数后的合作社资产规模($\ln(Size)$)均值为4.0296,最大值和最小值分别为7.0040和1.6094,标准差为1.0550,显示出合作社的资本规模差异较大。财务杠杆(LEV)系数值的最大值和最小值分别为11.9231和1.0000,均值为1.5745,标准差为1.3953,说明粮食和一般经济作物类合作社的负债比率较低,但也存在比重较大的负债经营的合作社。理事会成员规模(Board)的最大值和最小值分别为21和1,均值为3.6592,标准差为1.7855,表明样本合作社之间的理事会总人数差异较大,多数合作社理事会成员人数较少。合作社负责人(管理者)中约有15.73%曾经担任过社会职务,即粮食和一般经济作物类合作社的绝大多数负责人一直从事的是农业生产。47.09%的合作社对社员进行了培训,即半数以上的合作社并没有对社员进行培训。合作社所在地区的经济发展水平($\ln(RJS)$),即农民人均GDP的对数最大值和最小值分别为9.3819和8.2271,均值为8.8471,标准差为0.3248,说明合作社所在地区之间的经济发

展水平存在差异。总之，由表 5.16 可以得知，粮食和一般经济作物类样本合作社在规模、财务杠杆、内部治理、外部环境等方面存在较大差异。这就说明，目前浙江省的粮食和一般经济作物类营销合作社之间的发展较为不平衡，差距较大。

表 5.16　粮食和一般经济作物类合作社变量的描述性统计结果

变　量	样本数量	均　值	标准差	最小值	最大值
ln(Size)	267	4.0296	1.0550	1.6094	7.0040
LEV	267	1.5745	1.3953	1.0000	11.9231
Board	267	3.6592	1.7855	1.0000	21.0000
CN	267	0.1573	0.3648	0.0000	1.0000
PX	267	0.6704	0.4709	0.0000	1.0000
ln(RJS)	267	8.8487	0.3248	8.2271	9.3819

数据来源：笔者计算。

表 5.17 报告了蔬菜水果类合作社主要变量的描述性统计结果。根据表 5.17 可知，在 452 家样本合作社中，取自然对数后的合作社资产规模（ln(Size)）均值为 3.9294，最大值和最小值分别为 7.1074 和 0.7885，标准差为 1.1150，显示了合作社之间的资本规模差异较大。财务杠杆（LEV）系数值的最大值和最小值分别为 11.6667 和 1.0000，均值为 1.6821，标准差为 1.4643，说明在总体上，蔬菜水果类合作社的负债比率不太高，但也存在比重较大的负债经营的合作社。理事会成员规模（Board）的最大值和最小值分别为 15 和 1，均值为 3.7434，标准差为 1.6313，表明样本合作社之间的理事会总人数存在差异性，多数合作社理事会成员人数较少。合作社负责人（管理者）中约有 16.81% 曾经担任过社会职务，即绝大多数合作社的负责人一直从事的都是农业生产。47.30% 的合作社对社员进行了培训，即对社员进行培训的合作社少于半数。合作社所在地区的经济发展水平（ln(RJS)），即农民人均 GDP 的对数最大值和最小值分别为 9.3819 和 8.2271，均值为 8.8927，标准差为 0.3220，说明合作社所在地区之间的经济发展水平存在差异。

表 5.17 蔬菜水果类合作社变量的描述性统计结果

变　量	样本数量	均　值	标准差	最小值	最大值
ln(Size)	452	3.9294	1.1150	0.7885	7.1074
LEV	452	1.6821	1.4643	1.0000	11.6667
Board	452	3.7434	1.6313	1.0000	15.0000
CN	452	0.1681	0.3744	0.0000	1.0000
PX	452	0.6637	0.4730	0.0000	1.0000
ln(RJS)	452	8.8927	0.3220	8.2271	9.3819

数据来源：笔者计算。

表 5.18 报告的是畜禽水产养殖类合作社主要变量的描述性统计结果。从表 5.18 中可以得知,在 322 家样本合作社中,取自然对数后的合作社资产规模(ln(Size))均值为 4.4620,最大值和最小值分别为 9.3652 和 1.3863,标准差为 1.3793,显示出合作社之间的资本规模差异较大。财务杠杆(LEV)系数值的最大值和最小值分别为 24.0000 和 1.0000,均值为 1.8724,标准差为 2.5367,说明虽然畜禽水产养殖类合作社的负债比率在整体上并不太高,但存在比重较大的巨额负债经营的合作社。理事会成员规模(Board)的最大值和最小值分别为 11 和 1,均值为 3.6087,标准差为 1.5272,表明样本合作社之间的理事会总人数的差异较小,且多数合作社理事会成员人数较少。合作社负责人(管理者)中约有 38.23% 曾经担任过社会职务。46.83% 的合作社对社员进行了培训。合作社所在地区的经济发展水平(ln(RJS)),即农民人均 GDP 的对数最大值和最小值分别为 9.3819 和 8.2271,均值为 8.9567,标准差为 0.3037,说明合作社所在地区之间的经济发展水平存在差异。

表 5.18 畜禽水产养殖类合作社变量的描述性统计结果

变　量	样本数量	均　值	标准差	最小值	最大值
ln(Size)	322	4.4620	1.3793	1.3863	9.3652
LEV	322	1.8724	2.5367	1.0000	24.0000
Board	322	3.6087	1.5272	1.0000	11.0000
CN	322	0.1770	0.3823	0.0000	1.0000
PX	322	0.6770	0.4683	0.0000	1.0000
ln(RJS)	322	8.9567	0.3037	8.2271	9.3819

数据来源：笔者计算。

从表 5.16、表 5.17 和表 5.18 中的结果可以得出，各产品类型合作社之间的差异性是比较大的。首先，从资本规模来看，合作社的平均规模最大的是畜禽水产养殖类合作社，最小的是蔬菜水果类合作社。其次，从负债情况来看，畜禽水产养殖类合作社中存在负债比率非常高的合作社，而粮食和一般经济作物类与蔬菜水果类合作社的负债情况则相对较好。再次，从理事会规模来看，粮食和一般经济作物类合作社的理事会规模差距较大，且三类合作社中理事会成员数最多的合作社属于该类，达 21 人。最后，从负责人（管理者）所具有的企业家才能情况来看，三类合作社中，负责人曾经担任过社会职务比重最高的是畜禽水产养殖类合作社，换言之，整体来看，畜禽水产养殖类合作社负责人（管理者）相对具有较高的企业家才能。

不过，三类合作社对社员的培训情况以及外部环境的整体差异较为相似。

5.3.3.2 相关性分析

由于各变量间可能存在多处共线性，需要对各解释变量进行 Pearson 相关性检验（Singbo et al.，2010）。因此，在进行回归分析之前，我们先对回归模型中的解释变量进行相关性分析。表 5.19、表 5.20 和表 5.21 分别列示的是粮食和一般经济作物类、蔬菜水果类和畜禽水产养殖类合作社各解释变量之间的 Pearson 相关系数。

表 5.19　粮食和一般经济作物类合作社各解释变量的相关性矩阵

	ln(Size)	LEV	Board	Board^2	CN	PX	ln(RJS)
ln(Size)	1.0000						
LEV	0.0403	1.0000					
Board	0.0661	−0.0267	1.0000				
Board^2	0.0405	−0.0391	0.8806	1.0000			
CN	0.1786	0.0825	−0.0386	−0.0356	1.0000		
PX	0.1535	−0.0616	0.0000	0.0125	0.0403	1.0000	
ln(RJS)	−0.0386	0.0422	−0.0986	−0.0622	−0.0625	−0.0996	1.0000

数据来源：笔者计算。

表 5.20 蔬菜水果类合作社各解释变量的相关性矩阵

	ln(Size)	LEV	Board	Board^2	CN	PX	ln(RJS)
ln(Size)	1.0000						
LEV	0.2032	1.0000					
Board	−0.0137	−0.0789	1.0000				
Board^2	−0.0130	−0.0712	0.9337	1.0000			
CN	0.0131	0.0237	0.0381	0.0502	1.0000		
PX	0.1075	0.1074	0.0028	−0.0023	0.0821	1.0000	
ln(RJS)	0.0469	0.0245	−0.1216	−0.0785	0.0708	0.0843	1.0000

数据来源：笔者计算。

表 5.21 畜禽水产养殖类合作社各解释变量的相关性矩阵

	ln(Size)	LEV	Board	Board^2	CN	PX	ln(RJS)
ln(Size)	1.0000						
LEV	0.1305	1.0000					
Board	0.1399	0.0951	1.0000				
Board^2	0.1655	0.0841	0.9606	1.0000			
CN	0.2113	0.1105	0.1991	0.1851	1.0000		
PX	0.1467	0.0068	0.0884	0.0791	0.1289	1.0000	
ln(RJS)	0.1510	0.0026	0.0658	0.0491	0.1076	0.0409	1.0000

数据来源：笔者计算。

从表 5.19、表 5.20 和表 5.21 中可以看出，各变量间除 Board 和 Board^2 的相关系数较高以外，其他各变量的相关性系数均较低，意味着不存在多重共线性。而将解释变量 Board 和 Board^2 分别代入方程进行回归分析，与两者一起引入方程回归后的结果比较，发现其系数方向一致。因此，我们认为，可以将所有变量引入方程进行回归分析。

5.3.3.3 回归结果与分析

本节使用 Stata（version 10.0）软件，运用单侧截断 Bootstrap（single truncated Bootstrap）程序分别分析各因素对 5.1 节运用 Bootstrap-DEA 方法测得的粮食和一般经济作物类、蔬菜水果类和畜禽水产养殖类营销合作社的技术、纯技术和规模效率的影响情况。各类合作社的回归结果分别见表 5.22、表 5.23 和表 5.24。需要注意的是，各表中参数的正负符号表示影响的方向。当且仅当 0 值不在置信区间里面时，参数估计值才有意义。

表 5.22 显示了各因素对粮食和一般经济作物类合作社的技术、纯技术和规模效率的影响结果。从表 5.22 中可以得知，规模在 1% 水平上显著正向影响合作社的技术、纯技术和规模效率，支持了假说 5.1。但由于各置信区间的上限和下限均大于 0，即 0 值不在置信区间里面，因而各参数估计值的大小没有意义，只能说明合作社规模与各效率的正向关系，即规模越大，合作社的技术、纯技术和规模效率越大。财务杠杆与合作社的技术和规模效率负相关，与纯技术效率正相关，但在统计上并不显著，这一结果与假说 5.2 存在一定差异。理事会人数规模与合作社的技术、纯技术和规模效率负向相关，但在统计上不显著；而理事会总人数的平方与合作社各效率正相关，但同样在统计上不显著。这说明理事会规模与合作社各效率之间并不存在显著的 U 型关系，假设 5.3 不能得到支持。负责人（管理者）曾经担任过社会职务的合作社，其技术和纯技术效率显著高于负责人（管理者）一直务农的合作社，显著水平分别为 5% 和 10%，并且对纯技术效率的影响程度为 0.0459，但这一因素对合作社规模效率的影响在统计上不显著。这说明合作社负责人（管理者）的企业家才能有利于合作社的内部经营和管理，但在规模经济效果上体现得不明显。对社员进行培训的合作社其技术、纯技术和规模效率显著高于没有对社员进行培训的合作社，其显著性水平分别为 1%、1% 和 5%，这说明提高合作社社员的人力资本能显著提高合作社各效率水平。合作社所在地区的农民人均 GDP 与合作社的技术和纯技术效率在 5% 水平上显著正相关，但与规模效率的正向关系在统计上不显著，这说明合作社所在地区的经济发展水平越高，越有利于粮食和一般经济作物类合作社的技术和纯技术效率的提高，但对规模效率的促进作用不大。

表 5.22　粮食和一般经济作物类合作社的单侧截断 Bootstrap 回归结果

解释变量	技术效率	置信区间	纯技术效率	置信区间	规模效率	置信区间
$\ln(Size)$	0.0609***	[0.0455, 0.0763]	0.0379***	[0.0200, 0.0558]	0.0309***	[0.0135, 0.0484]
LEV	−0.0087	[−0.0226, 0.0051]	0.0001	[−0.0182, 0.0184]	−0.0114	[−0.0312, 0.0085]
Board	−0.0247	[−0.0661, 0.0166]	−0.0030	[−0.0455, 0.0394]	−0.0326	[−0.0743, 0.0091]
$Board^2$	0.0011	[−0.0033, 0.0055]	0.0005	[−0.0041, 0.0051]	0.0010	[−0.0035, 0.0056]
CN	0.0583**	[0.0101, 0.1065]	0.0459*	[−0.0036, 0.0954]	0.0248	[−0.0242, 0.0739]
PX	0.1101***	[0.0693, 0.1508]	0.0938***	[0.0519, 0.1356]	0.0511**	[0.0090, 0.0933]
$\ln(RJS)$	0.0743**	[0.0166, 0.1320]	0.0667**	[0.0050, 0.1284]	0.0050	[−0.0510, 0.0610]
常数	−0.3629	[−0.9074, 0.1817]	−0.1847	[−0.7535, 0.3842]	0.7618***	[0.2635, 1.2601]

注：本表及表 5.23 和表 5.24 中的上标***、**和*分别表示在 1%、5% 和 10% 水平上显著，这里列出的是在 95% 水平上的置信区间值。

数据来源：笔者计算。

表 5.23 显示了各因素对蔬菜水果类合作社的技术、纯技术和规模效率的影响结果。从表 5.23 中可见，规模显著负向影响合作社的技术和纯技术效率，显著性水平分别为 5% 和 1%，且在 1% 显著水平上正向影响规模效率。这说明规模越大，蔬菜水果类合作社的技术和纯技术效率越低，但规模效率会提高。这一结果与规模对畜禽水产养殖类合作社的影响状况差异性较大，原因可能在于蔬菜水果比粮食和一般经济作物（如茶叶等）更容易腐烂，且市场需求弹性较大，这决定了规模较小的合作社能尽快将产品售出，避免了因产品积压造成的价值迅速降低，说明了规模较小的合作社更能灵活应对不断变化的市场环境。当然，若规模达到一定程度，能进行加工或在某地区实行垄断，也能避免这些产品特性所引发的问题。问题是，目前我国合作社普遍未达到这一规模，故虽可通过扩大规模发挥规模经济优势来提高合作社的规模效率，但由于交易成本等的增加，最终并不利于效率的提高。财务杠杆与合作社技术和纯技术效率显著正相关，显著性水平分别为 10% 和 5%，与规模

效率正相关,但在统计上并不显著。这一结果并不能支持假说 5.2。说明合作社能较好地利用负债,负债率较高的合作社将更努力地合理利用资源,进而提高合作社的效率。理事会人数规模与合作社技术和纯技术效率呈正相关,和规模效率呈负相关,但在统计上不显著,而理事会总人数的平方与合作社各效率呈负相关,但同样在统计上不显著。这说明理事会规模与合作社各效率之间并不存在显著的 U 型关系,假设 5.3 不能得到支持。负责人(管理者)曾经担任过社会职务的合作社,其技术和纯技术效率显著高于负责人(管理者)一直务农的合作社,显著水平分别为 1% 和 5%,但这一因素对合作社规模效率的影响在统计上不显著。对社员进行培训的合作社,其技术、纯技术和规模效率显著高于没有对社员进行培训的合作社,其显著性水平分别为 5%、5% 和 10%,并且对规模效率的影响程度为 0.0289。合作社所在地区农民人均GDP 与合作社技术和纯技术效率显著正相关,显著性水平分别为 10% 和 5%,但与规模效率的正向关系在统计上不显著。

表 5.23 蔬菜水果类合作社的单侧截断 Bootstrap 回归结果

解释变量	技术效率	置信区间	纯技术效率	置信区间	规模效率	置信区间
$\ln(\text{Size})$	-0.0175^{**}	$[-0.0330,$ $-0.0021]$	-0.0680^{***}	$[0.0235,$ $0.0525]$	0.0388^{***}	$[-0.0861,$ $-0.0515]$
LEV	0.0095^{*}	$[-0.0005,$ $0.0195]$	0.0114^{**}	$[0.0005,$ $0.0223]$	0.0019	$[-0.0102,$ $0.0141]$
Board	0.0114	$[-0.0164,$ $0.0393]$	0.0126	$[-0.0150,$ $0.0401]$	-0.0030	$[-0.0321,$ $0.0261]$
Board^2	-0.0012	$[-0.0035,$ $0.0012]$	-0.0007	$[-0.0030,$ $0.0017]$	-0.0006	$[-0.0031,$ $0.0018]$
CN	0.0851^{***}	$[0.0350,$ $0.1353]$	0.0557^{**}	$[0.0132,$ $0.0982]$	0.0312	$[-0.0157,$ $0.0782]$
PX	0.0363^{**}	$[0.0047,$ $0.0679]$	0.0311^{**}	$[0.0013,$ $0.0609]$	0.0289^{*}	$[-0.0079,$ $0.0658]$
$\ln(\text{RJS})$	0.0543^{*}	$[-0.0007,$ $0.1093]$	0.0529^{**}	$[0.0050,$ $0.1008]$	-0.0105	$[-0.0695,$ $0.0485]$
常数	-0.0285	$[-0.5508,$ $0.4939]$	-0.1399	$[-0.5835,$ $0.3037]$	1.1714^{***}	$[0.6417,$ $1.7011]$

注：本表及表 5.23 和表 5.24 中的上标 ***、** 和 * 分别表示在 1%、5% 和 10% 水平上显著,这里列出的是在 95% 水平上的置信区间值。

数据来源：笔者计算。

表 5.24 列出了各因素对畜禽水产养殖类合作社的技术、纯技术和规模效率的影响结果。根据表中结果可知，规模在 10％水平上显著正向影响合作社的技术效率，且影响程度为 0.0113，但对技术和纯技术效率的影响不显著。财务杠杆与合作社的规模效率在 10％水平上显著负相关，但对技术和纯技术效率的影响不显著。说明合作社由较高的负债引起的成本高于规模扩大所产生的规模收益。理事会人数规模与合作社的技术效率在 10％显著水平上正相关，且影响程度为 0.0256，但对纯技术和规模效率的影响不显著。而理事会总人数的平方与合作社的技术效率在 5％显著水平上负相关，但对纯技术和规模效率的影响在统计上不显著。这说明理事会规模与合作社技术效率之间存在显著的倒 U 型关系，即当合作社理事会人数较少时，合作社的决策权由少数几个人做出，因而难以做出科学的决策，降低了合作社决策效率，这时增加一定的成员数量有利于做出客观、科学的决策，从而提高合作社效率，但是当理事会成员过多时，又将降低决策效率。合作社负责人（管理者）的企业家才能有利于提高合作社的技术和纯技术效率，但对规模效率的影响不显著。对社员进行培训能显著提高合作社的技术、纯技术和规模效率，其显著性水平分别为 1％、1％和 10％。若合作社所在地区的经济发展水平较高，则对合作社的技术、纯技术和规模效率的提高均有显著促进作用。

表 5.24 畜禽水产养殖类合作社的单侧截断 Bootstrap 回归结果

解释变量	技术效率	置信区间	纯技术效率	置信区间	规模效率	置信区间
ln(Size)	0.0113*	[−0.0009, 0.0235]	0.0098	[−0.0025, 0.0221]	−0.0011	[−0.0183, 0.0162]
LEV	−0.0043	[−0.0108, 0.0023]	0.0002	[−0.0062, 0.0066]	−0.0082*	[−0.0151, −0.0014]
Board	0.0256*	[−0.0021, 0.0533]	−0.0046	[−0.0475, 0.0383]	0.0429	[−0.0144, 0.1003]
Board^2	−0.0031**	[−0.0058, −0.0004]	0.0002	[−0.0044, 0.0048]	−0.0047	[−0.0110, 0.0016]
CN	0.0967***	[0.0587, 0.1348]	0.0783***	[0.0361, 0.1206]	0.0342	[−0.0095, 0.0779]

续　表

解释变量	技术效率	置信区间	纯技术效率	置信区间	规模效率	置信区间
PX	0.0681***	[0.0407, 0.0954]	0.0538***	[0.0183, 0.0894]	0.0430*	[0.0000, 0.0860]
ln(RJS)	0.1104***	[0.0684, 0.1524]	0.0726**	[0.0187, 0.1265]	0.0608*	[−0.0035, 0.1252]
常数	−0.6630***	[−1.0339, −0.2921]	−0.1209	[−0.6026, 0.3609]	0.1489	[−0.4246, 0.7223]

注：本表及表5.23和表5.24中的上标***、**和*分别表示在1%、5%和10%水平上显著，这里列出的是在95%水平上的置信区间值。

数据来源：笔者计算。

综合分析表5.22、表5.23和表5.24中列出的结果，至少可以总结出如下几点：

第一，规模影响合作社效率，支持了假说5.1，但合作社的产品类型不同，效率不同，规模对其的影响存在较大差异。

第二，财务杠杆对各类合作社的影响差异较大，且均难以支持假说5.2。这可能与现阶段我国合作社良好的外部政策环境有关。2007年以来，多个政府部门均为合作社发展提供金融支持。首先，中央非常重视对合作社的金融支持。如2007年的中央1号文件指出，要实行有利于农民专业合作社发展的税收和金融政策；2009年的中央1号文件，明确要求尽快制定金融支持合作社的具体办法；2010年中央1号文件又指出，各级政府扶持的贷款担保公司要把合作社纳入服务范围。其次，农业部与金融部门相继出台了一系列政策和意见。2009年2月16日，中国银监会和农业部联合印发了《关于做好农民专业合作社金融服务工作的意见》，要求各地农村从加大信贷支持力度、改进服务方式等五个方面加大对合作社的金融支持。这一系列的金融支持降低了合作社的还贷压力，冲淡甚至反向增强了财务杠杆对合作社各效率的影响程度，导致实证结果与假说不一致。

第三，理事会人数规模及其平方对粮食和一般经济作物类、蔬菜水果类合作社的各效率影响并不显著，仅对畜禽水产类合作社技术效率的影响显著，且影响程度呈倒U型。

第四,负责人(管理者)的企业家才能对合作社各效率的影响在产品类型上基本是无差异的,其不同之处是显著正向影响各类合作社的技术和纯技术效率,但对各类合作社的规模效率影响均不显著。

第五,提高合作社社员的人力资本能够显著正向影响各类合作社的技术、纯技术和规模效率。这说明培训社员对推进目前各类合作社的效率提高具有重要意义。

第六,合作社所在地区的经济发展水平显著影响着各类合作社的效率水平,但具体影响的效率内容存在一定差异。较高的经济发展水平有利于各类合作社显著提高其技术和纯技术效率,但只对畜禽水产养殖类合作社的规模效率提高有促进作用。

5.4　本章小结

本章利用 2009 年浙江粮食和一般经济作物类、蔬菜水果类和畜禽水产养殖类三类营销合作社的数据,首先运用 Bootstrap-DEA 方法测算了合作社总体及细分产品类型的技术效率、纯技术效率和规模效率,然后采用单侧截断 Bootstrap(single truncated Bootstrap)模型考察合作社规模、财务杠杆、理事会规模、负责人(管理者)企业家才能、社员人力资本、地区经济发展水平等因素分别对三类合作社的技术效率、纯技术效率和规模效率的影响情况。从本章的分析结果中,我们可以得出以下几个方面的初步结论:

(1)无论是从总体还是分产品类型来看,浙江营销合作社效率水平均较低,且技术低效率的主导因素是纯技术低效率。从各类合作社的效率水平比较来看,畜禽水产养殖类合作社的技术和纯技术效率水平在三类合作社中最高,粮食和一般经济作物类合作社最低。从各类合作社内部的效率差距来看,粮食和一般经济作物类合作社的技术、纯技术和规模效率差距在三类合作社中最小,蔬菜水果类合作社的技术和纯技术效率差距最大,畜禽水产养殖类合作社的规模效率差距最大。各类合作社效率异质性的可能原因有产品特性及市场竞争的异质影响。

(2)合作社规模、负责人(管理者)的企业家才能、社员的人力资本、合作社所在地区的经济发展水平等显著影响合作社的静态效率,其中负责人(管理者)的企业家才能和社员的人力资本是影响合作社静态效率的重要因素；同一因素对不同产品类型合作社的影响方向和程度都存在差异。

本章的主要突破和贡献在于：一是按照产品类型对合作社静态效率的分类比较研究更具有实践指导意义。二是运用 Bootstrap-DEA 方法准确测得了三类营销合作社的技术效率、纯技术效率和规模效率，这为影响因素的分析结论提供了基本前提保障，并证明了 Bootstrap 方法在样本量较大的情况下也具有显著优势。三是在对以往文献仔细分析的基础上，筛选出多项指标来考察对合作社效率的影响，以此来减少可能出现的缺失变量偏差以及变量设置不当。四是采用单侧截断 Bootstrap(single truncated Bootstrap)程序对各因素进行回归分析，该方法能纠正 OLS 模型估计结果的偏误和 Tobit 模型估计结果的不一致。

6 合作社动态效率实证研究：
以浙江营销合作社为例

第 4 章的理论分析表明,合作社动态效率(生产率)变化可能是由于静态效率(技术效率)的变化,也可能是寻找规模经济的结果,还可能是技术进步的推动。本章将在第 4 章理论分析的基础上,对合作社的动态效率(全要素生产率,TFP)及变化进行实证研究。具体而言,本章主要使用浙江省营销合作社的面板数据,运用 Bootstrap Malmquist 指数方法,对合作社的全要素生产率(TFP)及增长指数进行动态考察,并将 TFP 增长指数分解为技术进步指数和技术效率变化指数。在此基础上,深入探讨营销合作社全要素生产率增长的深层次原因。

6.1 实证模型

6.1.1 TFP 的度量方法评析

根据第 4 章的分析,合作社的动态效率或生产率是指合作社得到的产出与所需投入之间的比率。按照测量范围的不同,生产率可分为单要素生产率(PFP)和多要素生产率(MFP)或全要素生产率(TFP),前者反映的是产出量与单一生产要素之间的效率关系,后者是指总产出与综合要素投入之间的效率关系。由于某一单要素生产率并不能全面反映生产单位的生产率变化情况,并且如果孤立地考察这部分生产率,将可能对总生产率指标产生误导

(Coelli et al.，2005)。因此，经济学者通常采用包括所有生产要素的生产率测量的全要素生产率及其变动来分析合作社的生产率水平和生产率增长。

目前估计全要素生产率(TFP)的方法可以分为三类：第一类是参数法，即通过设定一个生产函数(主要有科布-道格拉斯生产函数和超越对数生产函数)，利用计量回归或成本最小化方法估计产出弹性，进而通过计算索洛余值来估计 TFP。该类方法的优点是模型设定简单、具有经济学含义，但明显缺陷是所设定的生产函数未必符合现实，并且规模收益不变假定，要素产出弹性不变假定以及非体现的、外生的、希克斯中性的技术进步假定过于苛刻。第二类是非参数法，运用最多的是基于数据包络分析的 Malmquist 指数法。该类方法的优点是，无须设定生产函数，仅仅依据观测数据，便可以利用线性规划技术构造出生产前沿面，通过测度样本与前沿面的距离来判断该样本的相对有效度。Malmquist 指数法能够将 TFP 分解为技术进步和技术效率。一般而言，技术效率是指扣除技术进步因素以外的广义技术效率。如果放松规模收益不变假设，应用 Malmquist 指数法可以计算出规模效率；在获得投入产出的价格指数条件下，还可以计算出配置效率。这样，当分离出规模效率和配置效率之后，技术效率就指纯技术效率。但是，该方法没有考虑到随机因素，仅仅由几个最高样本得到生产前沿面，从而所测度的结果易受前沿面上异常值的影响。不过，可以运用 Bootstrap 方法解决这一问题[①]。第三类是半参数法。该类方法将参数法和非参数法结合起来分析，主要是 OP 方法(Olley & Pakes，1996)。该方法的优点是能够解决应用 TFP 估计时常见的联立性和样本选择问题，但是具有与参数法类似的缺点。

考虑到本章使用的是 2004—2009 年的营销合作社数据，而这期间合作社的外部环境变化较大，比如制度环境的变化，2007 年合作社法实施之前与之后的制度环境差异是非常大的，急剧变化的外部环境会对合作社的技术进步产生影响，要素的产出弹性也将发生变化。另外，在这一期间营销合作社总的数量变化较大，而且各合作社之间的异质性较大，因此样本选择问题是一个比较重要的问题。因此，在综合考虑上述方法的优缺点后，本章选择 Bootstrap Malmquist 指数方法考察浙江营销合作社的动态效率问题，因为，该方法一方面能够克服

---

① 关于 Bootstrap 方法的优点，详见第 4 章的分析，这里不再赘述。

参数法的缺陷，另一方面也可以解决非参数的样本选择问题。

6.1.2　Malmquist 指数

Färe 等(1992)发展了测度生产率变化的 Malmquist 指数。Färe 等(1994)进一步将 Malmquist 生产率指数用于两时期的全要素生产率(TFP)变化分析，并将全要素生产率(TFP)变化分解为技术进步和技术效率变化。

在本章中，把每个样本合作社视为独立的生产决策单元，产出 y 由投入 x 决定。本章以产出为导向，主要专注于测量时期 s 与时期 t 之间的全要素生产率(TFP)变化。

首先，在时期 s 的 Malmquist 指数由下式给出：

$$m_0^s(y_s, y_t, x_s, x_t) = d_0^s(y_s, x_s)/d_i^s(y_s, x_s) \tag{6.1}$$

如果假定合作社在两个时期都是技术有效的，那么 $d_0^s(y_s, x_s) = 1$，从而有：

$$m_0^s(y_s, y_t, x_s, x_t) = d_0^s(y_t, x_t) \tag{6.2}$$

(6.2)式表明，$m_0^s(y_t, y_s, x_t, x_s)$ 是最小的产出缩减因子，使得该合作社在时期 t 缩减的产出向量为 $y_t/m_0^s(y_s, y_t, x_s, x_t)$，该向量与投入向量 x_t 恰好位于时期 s 的生产前沿面上。如何合作社在时期 t 的技术比时期 s 的技术具有更高的生产率，则有 $m_0^s(y_s, y_t, x_s, x_t) > 1$。

类似的，可以定义时期 t 的 Malmquist 指数为：

$$m_0^t(y_s, y_t, x_s, x_t) = d_0^t(y_t, x_t)/d_0^t(y_s, x_s) \tag{6.3}$$

如果合作社在时期 t 是技术有效的，则有 $d_0^t(y_t, x_t) = 1$。

为了避免时期选择的随意性可能导致的差异，根据 Caves 等(1982)的观点，用(6.1)和(6.3)式的几何平均值来衡量合作社从时期 s 到时期 t 的全要素生产率(TFP)变化，即 Malmquist 指数，有：

$$\begin{aligned} m_0(y_s, y_t, x_s, x_t) &= \left[m_0^s(y_s, y_t, x_s, x_t) \times m_0^t(y_s, y_t, x_s, x_t) \right]^{0.5} \\ &= \left[\frac{d_0^s(x_t, y_t)}{d_0^s(x_s, y_s)} \times \frac{d_0^t(x_t, y_t)}{d_0^t(x_s, y_s)} \right]^{0.5} \end{aligned} \tag{6.4}$$

当该指数大于 1 时，表明合作社从时期 s 到时期 t 的 TFP 是增长的；反之亦然。

在现实中，多数合作社在运营中存在某种程度的无效性。因此，笔者认为，假定 $d_0^s(x_s,y_s)\leqslant 1$，且 $d_0^t(x_t,y_t)\leqslant 1$ 可能更接近现实。于是，在存在技术无效的情况下，上式（6.4）可以改写为：

$$m_0(y_s,y_t,x_s,x_t)=\left[\frac{d_0^s(x_t,y_t)}{d_0^t(x_t,y_t)}\times\frac{d_0^s(x_s,y_s)}{d_0^t(x_s,y_s)}\right]^{0.5}\times\frac{d_0^t(x_t,y_t)}{d_0^s(x_s,y_s)}$$

$$=\mathrm{TC}\times\mathrm{EC} \tag{6.5}$$

这样，TFP 增长被分解为两项的乘积。TC 表示合作社从时期 s 到时期 t 其生产技术前沿的移动，即技术变化指数；EC 指合作社在两时期技术效率的变化，即技术效率变化指数。m_0 指数大于、小于、等于 1 分别表示 TFP 的增长、下降、无变化；TC 和 EC 指数大于、小于、等于 1 分别意味着技术进步、技术退步、无变化和技术效率提高、下降、无变化。

在规模报酬可变情况下，技术效率变化（EC）可以分解为纯技术效率变化（PEC）和规模效率变化（SEC）。此时，测度 TFP 增长的 Malmquist 指数可以分解为：

$$\mathrm{TFP}=m_0=\mathrm{TC}\times\mathrm{EC}=\mathrm{TC}\times\mathrm{PEC}\times\mathrm{SEC} \tag{6.6}$$

6.1.3 Bootstrap 方法

本章运用 Bootstrap 程序对初始的 Malmquist 指数估计值进行纠偏，并构建估计值的置信区间[①]。

记第 i 个合作社的 Malmquist 指数估计值为：$\hat{m}_i(s,t)$；Bootstrap Malmquist 指数的估计值为：$\{\hat{m}_i^*(s,t)(b)\}_{b=1}^B$，其中 B 表示 Bootstrap 重复抽样的次数，本章中 $B=2000$；不能被直接测得的真实值为 $m_i(s,t)$。因此，对某个小的 δ 值，如 0.1 或 0.05，可以估计置信水平为 $(1-\delta)\%$ 的置信区间

$$\{\hat{m}_i^*(s,t)(b)\}_{b=1}^B+c_\delta^*\leqslant m_i(s,t)\leqslant\{\hat{m}_i^*(s,t)(b)\}_{b=1}^B+d_\delta^* \tag{6.7}$$

其中 c_δ^* 和 d_δ^* 为确定置信区间的 Bootstrap 估计值。通过纠偏方法可以进一步提高置信区间（Simar & Wilson,1999）。Bootstrap 的偏差估计

① Bootstrap 方法的详细阐述见第 4 章的叙述，这里不再赘述。

值为：

$$\hat{\psi}_B[\hat{m}_i(s,t)] = B^{-1}\sum_{b=1}^{B}\hat{m}_i^*(s,t)(b) - \hat{m}_i(s,t) \tag{6.8}$$

由于该估计值仅仅是 Bootstrap 的经验估计，即 $E[\hat{m}_i(s,t)] - m_i(s,t)$。因此，$m_i(s,t)$ 的一个偏差修正的估计量为：

$$\hat{\hat{m}}_i(s,t) = \hat{m}_i(s,t) - \hat{\psi}_B[\hat{m}_i(s,t)] = 2\hat{m}_i(s,t) - B^{-1}\sum_{b=1}^{B}\hat{m}_i^*(s,t)(b)$$

$$\tag{6.9}$$

需要特别注意的是，(6.9)式中的纠偏估计值可能比原始估计值具有更大的均方差误(Efron & Tibshirani,1993)，这将降低 Bootstrap 估计值的可靠性。总之，如果 Bootstrap 估计值 $\{\hat{m}_i^*(s,t)(b)\}_{b=1}^{B}$ 的样本方差 γ_i^2 小于 Bootstrap 偏差估计值的平方的三分之一，即下式成立时，方程(6.8)式中的偏差修正值才能用：

$$\gamma_i^2 < \frac{1}{3}(\hat{\psi}_B[\hat{m}_i(s,t)])^2 \tag{6.10}$$

类似的，可以计算技术进步和技术效率变化的 Bootstrap 置信区间，这里不再赘述。

6.2　指标选取与数据处理

6.2.1　指标选取

本章将主要测算营销合作社的全要素生产率变化，而生产率及其变化测量中的一个重要问题是投入产出的指标选取。本章对合作社生产率的测算与第 5 章对合作社静态效率进行测度时所用的指标是一致的。因此，本章具体选取的产出指标为当年合作社总收入(万元)。投入指标为资本、劳动和其他投入。其中，资本用固定资产净值(万元)来反映；劳动投入用劳动力数量即合作社成员数量(个)来表示；其他投入用合作社统一购买生产投入品的支出、管理费用等的总额(万元)来表示。

6.2.2　数据处理

本章所使用的数据来源于 2004—2007 年和 2009 年的浙江省 130 家营销合作社。其中 2004—2006 年的数据来源于课题组在 2007 年的合作社调查数据，共有 486 个样本；2007 年和 2009 年的数据是浙江省农业厅向全省合作社收集的年度财务数据。由于本章主要试图发现各合作社的生产率变化情况，2007 年和 2009 年的合作社数据需要与 2004—2006 年的样本数据一一对接，形成合作社的时间序列数据。剔除 486 个样本中在 2004—2007 和 2009 年中的非营销合作社数据、缺失数据和异常数据，共得到 130 家样本合作社数据。

样本合作社分布于杭州、嘉兴、绍兴、湖州、台州、温州、宁波、舟山、金华、丽水和衢州共 11 市，各市分别有 8 家、10 家、13 家、13 家、27 家、13 家、9 家、6 家、5 家、19 家和 7 家合作社。从地区分布情况来看，覆盖了浙江省的全部地区，并且各地的数量比例与该地区在全省合作社中的发展情况基本相符。因此，可以认为样本合作社具有代表性，能基本反映浙江营销合作社的整体发展情况。

根据第 5 章对营销合作社的分类方法，用于本章分析的营销合作社按产品类型划分为粮食和一般经济作物类、蔬菜水果类和畜禽水产养殖类三类，各类合作社数分别为 29 家、60 家和 41 家。在实践中，一般是具有相同产品类型的合作社之间进行比较以及提供经验借鉴。因此，假定每类合作社都有自己的最佳前沿，在具体分析时，分类型来估计样本合作社的全要素生产率增长。在得到各合作社的全要素生产率增长指数估计值之后，再将其汇总，进行各种分类比较分析。

因为本章分析的重点是合作社的生产率增长，其反映的是合作社效率随时间的变化，所以首先需要把样本合作社各年的有关变量指标调整为具有可比性的指标，因而需要对价格进行平减。以经过平减后的合作社投入产出变量为基础，形成一个包含以期初为定基的 5 年时期的面板数据。利用这个面板数据，可以得到动态的全要素生产率增长的估计值。

对于投入品等的支出和产出值的平减指数，本章根据浙江省农村居民消费价格指数，经过定基指数和上年为基数的价格指数的转换，形成了以 2004 年为 100 的一套定基价格指数，应用于本章的分析。对于固定资本净值的平减,由于本章只是对当年资本增量进行平减①,因此可以直接采用《浙江统计年鉴》提供的当年固定资本投资价格指数。

2004—2007年和2009年浙江粮食和一般经济作物类、蔬菜水果类和畜禽水产养殖类三类营销合作社投入产出变量的描述性统计见表6.1、表6.2和表6.3。

表6.1 粮食和一般经济作物类合作社的描述统计

年份	变 量	均 值	标准差	最小值	最大值
2004	总收入(万元)	887.46	1404.14	5.00	6348.00
	固定资产净值(万元)	107.64	169.79	0.36	800.00
	成员数(人)	97.59	101.64	5.00	507.00
	其他投入(万元)	799.96	1306.11	2.00	5878.00
2005	总收入(万元)	1212.62	1589.61	4.59	6406.42
	固定资产净值(万元)	141.38	186.32	0.69	844.87
	成员数(人)	121.48	97.21	5.00	507.00
	其他投入(万元)	1087.52	1493.82	2.29	5926.61
2006	总收入(万元)	1227.71	1414.16	42.55	6059.47
	固定资产净值(万元)	173.19	199.38	3.00	919.87
	成员数(人)	144.41	116.00	12.00	650.00
	其他投入(万元)	1083.36	1311.42	28.94	5495.23
2007	总收入(万元)	1062.68	1460.99	75.72	6214.14
	固定资产净值(万元)	206.32	217.19	14.79	948.76
	成员数(人)	143.14	114.48	7.00	650.00
	其他投入(万元)	904.89	1327.63	41.15	5563.10
2009	总收入(万元)	1189.47	1584.43	54.35	7128.69
	固定资产净值(万元)	224.43	218.10	20.00	850.00
	成员数(人)	179.10	160.47	7.00	780.00
	其他投入(万元)	575.38	748.39	35.64	3419.41

数据来源：笔者计算。

---

① 固定资产净值的平减公式为：(当年固定资本－上年固定资本)/当年投资价格指数;如果当年固定资本小于上年,表明没有新增投资,则不进行平减。

表 6.2　蔬菜水果类合作社的描述统计

年份	变　量	均　值	标准差	最小值	最大值
2004	总收入（万元）	583.12	839.10	2.00	4484.00
	固定资产净值（万元）	41.49	42.56	2.00	178.95
	成员数（人）	93.17	80.29	5.00	438.00
	其他投入（万元）	531.92	816.43	0.50	4364.00
2005	总收入（万元）	786.38	1030.83	14.68	6131.19
	固定资产净值（万元）	70.03	78.64	3.20	393.27
	成员数（人）	120.52	72.85	5.00	438.00
	其他投入（万元）	698.42	1000.48	11.01	5885.32
2006	总收入（万元）	831.27	1003.85	20.43	5844.16
	固定资产净值（万元）	97.69	100.16	4.19	394.97
	成员数（人）	141.45	73.65	30.00	448.00
	其他投入（万元）	711.25	952.22	1.70	5437.35
2007	总收入（万元）	637.68	576.90	8.23	3404.20
	固定资产净值（万元）	108.58	112.98	3.00	587.92
	成员数（人）	126.97	80.03	9.00	438.00
	其他投入（万元）	528.93	545.61	3.29	3167.98
2009	总收入（万元）	711.66	533.00	8.36	2678.10
	固定资产净值（万元）	123.35	151.74	3.00	849.02
	成员数（人）	156.53	162.58	5.00	1220.00
	其他投入（万元）	588.86	498.18	2.51	2381.46

数据来源：笔者计算。

表 6.3　畜禽水产养殖类合作社的描述统计

年份	变　量	均　值	标准差	最小值	最大值
2004	总收入（万元）	1449.57	1625.05	15.00	6100.00
	固定资产净值（万元）	129.08	197.10	3.50	998.20
	成员数（人）	96.27	142.46	5.00	812.00
	其他投入（万元）	1339.42	1584.78	13.00	6022.00

年份	变 量	均 值	标准差	最小值	最大值
2005	总收入（万元）	1984.46	2411.39	119.27	10275.23
	固定资产净值（万元）	162.78	226.44	8.00	998.20
	成员数（人）	119.05	139.59	5.00	816.00
	其他投入（万元）	1846.77	2373.05	53.97	9852.29
2006	总收入（万元）	2218.34	2715.62	126.81	10408.33
	固定资产净值（万元）	194.66	263.75	7.00	1053.94
	成员数（人）	133.73	139.06	7.00	816.00
	其他投入（万元）	2046.42	2673.02	82.10	9905.36
2007	总收入（万元）	1335.50	1651.15	39.69	6808.91
	固定资产净值（万元）	181.79	226.26	5.00	934.44
	成员数（人）	145.98	137.69	7.00	816.00
	其他投入（万元）	642.84	835.92	17.50	3340.70
2009	总收入（万元）	2025.56	2431.37	52.11	10274.58
	固定资产净值（万元）	231.86	265.84	5.00	1013.46
	成员数（人）	144.59	132.24	8.00	816.00
	其他投入（万元）	1214.70	1611.33	15.69	6635.83

数据来源：笔者计算。

从表 6.1、表 6.2 和表 6.3 中可以发现，不同产品类型的合作社，其投入和产出存在较大的异质性；在相同产品类型的合作社内部，合作社之间的投入产出差异也较大；此外，不同年份合作社的投入产出量存在差异。这说明无论是相同产品类型还是不同产品类型，合作社之间的发展并不平衡。

6.3 实证结果与分析

本节分别考察粮食和一般经济作物类、蔬菜水果类和畜禽水产养殖类三类营销合作社 2004—2007 年每年的 TFP 增长和分解指数，以及 2007—2009 年、2004—2006 年和 2004—2009 年各期的年均 TFP 增长及其分解指数。为揭示《农民专业合作社法》实施以来各级政府对合作社的扶持效应，进一步将三类合作社的全要素生产率增长、技术进步和技术效率变化具体分为2004—2006年和2007—2009年两个时期进行比较分析。

6.3.1 全要素生产率(TFP)增长

表6.4列出了各类合作社在2004—2009年的年均全要素生产率增长情况。总体上看，全要素生产率有所提高。在研究期间，粮食和一般经济作物类、蔬菜水果类和畜禽水产养殖类三类合作社的年均TFP增长率分别为4.34％、1.95％和4.37％，并且均在5％水平上有意义①。

表6.4　三类合作社的年均 TFP 及其分解(2004—2009)

合作社类型	TFP	TC	EC
粮食和一般经济作物类	1.0434 [1.0287,1.0604]	1.0328 [1.0044,1.0567]	1.0103 [0.9823,1.0444]
蔬菜水果类	1.0195 [1.0047,1.0324]	1.0525 [1.0324,1.0805]	0.9686 [0.9401,0.9912]
畜禽水产养殖类	1.0437 [1.0234,1.0651]	1.0092 [0.9664,1.0417]	1.0341 [1.0024,1.0804]

注：TEP、TC 和 EC 分别表示全要素生产率增长、技术进步和技术效率变化指数。各类合作社各指数为几何平均数。括号内数据为95％水平上的置信区间。

数据来源：笔者计算。

从各类合作社全要素生产率(TFP)增长的时间序列数据来看，除粮食和一般经济作物类合作社在2006至2007年，以及畜禽水产养殖类合作社在2004至2005年、2005至2006年有所下降外，三类合作社在各期的TFP增长率均有提高。但是，除粮食和一般经济作物类合作社在2004—2005年的TFP增长率在5％水平上有意义外，三类合作社的全要素生产率增长值均只在2007—2009年有意义(见表6.5)。这可能与2007年实施的合作社法以及其后从中央到地方政府的一系列扶持政策对合作社发展的推动作用有关。

---

① 当置信区间的取值不包含单位值1时，其数值有意义。

表 6.5　三类合作社各期的平均 TFP 及其分解

合作社类型	时　　期	TFP	TC	EC
粮食和一般经济作物类	2004/05	1.0612**	0.9613	1.1039**
	2005/06	1.0305	1.0237	1.0067
	2006/07	0.9849	1.0623	0.9272
	2007/09	1.0519**	1.0408	1.0106
蔬菜水果类	2004/05	1.0208	1.0429	0.9788
	2005/06	1.0218	1.0210	1.0008
	2006/07	1.0392	1.0679	0.9732
	2007/09	1.0247**	1.0835**	0.9458
畜禽水产养殖类	2004/05	0.9909	0.8997	1.1014
	2005/06	0.9879	0.9840	1.0039
	2006/07	1.0968	1.0639	1.0309
	2007/09	1.1023**	1.0822**	1.0186

注：TFP、TC 和 EC 分别表示全要素生产率增长、技术变化和技术效率变化指数。各类合作社各指数为几何平均数。** 表示变化值在 5% 水平上有意义，即数值 1 不包含在置信区间内。

数据来源：笔者计算。

　　为探讨政府政策对合作社生产率增长的作用，本研究进一步将合作社的 TFP 增长率分为 2004—2006 年和 2007—2009 年两个时期进行比较分析。由表 6.6 可知，三类合作社在两时期的年均 TFP 增长率差异较大。具体而言，粮食和一般经济作物类合作社的年均 TFP 增长率指数由前期的 6.18% 下降至后期的 5.19%，且在两时期的增长值均在 5% 水平上有意义。蔬菜水果类和畜禽水产养殖类合作社在两时期的指数变动情况分别由 1.75% 上升至 2.47%，以及由 −1.34% 增至 10.23%，并且这两类合作社均只在后期的增长值在 5% 水平上有意义。这就说明，2007 年以来的政府政策变动对合作社的全要素生产率增长产生了有意义的影响，但对不同产品类型合作社的影响存在差异。

表 6.6　三类合作社两时期的平均 TFP 及其分解

合作社类型	时　　期	TFP	TC	EC
粮食和一般经济作物类	2004/06	1.0618**	1.0072	1.0542**
	2007/09	1.0519**	1.0408	1.0106
蔬菜水果类	2004/06	1.0175	1.0281	0.9897
	2007/09	1.0247**	1.0835**	0.9458
畜禽水产养殖类	2004/06	0.9866	0.9382	1.0515
	2007/09	1.1023**	1.0822**	1.0186

注：TFP、TC 和 EC 分别表示全要素生产率增长、技术变化和技术效率变化指数。各类合作社各指数为几何平均数。** 表示变化值在 5% 水平上有意义，即数值 1 不包含在置信区间内。

数据来源：笔者计算。

另外，由于某类合作社的年均 TFP 增长指数由该类各样本合作社 TFP 增长指数的几何平均值计算而来，TFP 增长指数较大的合作社对整体水平的影响较大。为了观察各样本合作社的情况，图 6.1 列举了三类合作社的全部样本在 2004—2006 年和 2007—2009 年两个时期的年均 TFP 增长率的分布情况。从图 6.1 可以得出如下几点：第一，三类合作社大多数样本在两时期的年均 TFP 均出现了增长（分布图中 0 值右边的面积大于左边）。第二，在两时期，三类合作社年均 TFP 增长率为负的合作社数量在后一期明显少于前一期（在分布图的 0 值左边，后一期的 TFP 增长率曲线在前一期曲线的右下方）。第三，在 TFP 增长率为正的合作社中，粮食和一般经济作物类与蔬菜水果类两类合作社大多数样本的增长率在后一期比前一期集中，但增长率较高的合作社数量在后一期少于前一期。畜禽水产养殖类合作社的情况却相反，

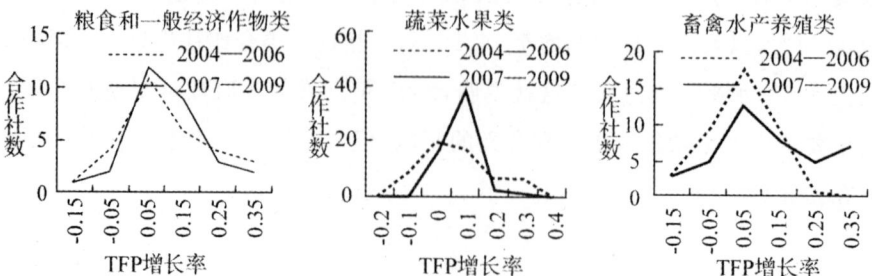

图 6.1　样本合作社的年均生产率增长率分布情况

具有较高年均 TFP 增长率的合作社数量在后一期多于前一期，而这些具有高增长率的合作社提高了整体的平均增长水平。

6.3.2　技术进步

从技术进步的情况来看，首先，在 2004—2009 年期间，粮食和一般经济作物类、蔬菜水果类和畜禽水产养殖类三类合作社的年均技术进步指数分别为3.28％、5.25％和 0.92％，且前两类合作社的技术进步指数在 5％水平上有意义（见表 6.4）。

其次，从表 6.5 中的时间序列数据可知，总体上，各类合作社技术进步的速度呈加快趋势。在各考察期间，蔬菜水果类合作社的年均技术进步指数均大于零，分别为 4.29％、2.10％、6.79％和 8.35％。粮食和一般经济作物类合作社的年均技术进步在 2004—2005 年出现衰退，其指数为－3.87％，其余各期指数均为正。畜禽水产养殖类合作社的年均技术进步在 2004—2005 年和2005—2006 年均出现衰退，其指数分别为－10.03％和－1.60％，但在 2006年之后各期年均指数增长幅度较大，分别为 6.39％和 8.22％。但是，只有蔬菜水果类和畜禽水产养殖类合作社在 2007—2009 年的技术进步指数在 5％水平上有意义，即有意义的技术进步主要体现在 2007 年之后。

最后，分时期来看，在 2004—2006 年和 2007—2009 年两个时期，三类合作社的年均技术进步指数后一期相比前一期均有明显提高。其中粮食和一般经济作物类合作社从 0.72％增至 4.08％，蔬菜水果类合作社从 2.81％提高到 8.35％，畜禽水产养殖类合作社的增速最快，从－6.18％提高至 8.22％。三类样本合作社的年均技术进步率的变化与各类合作社的整体平均情况基本相同（见图 6.2）。

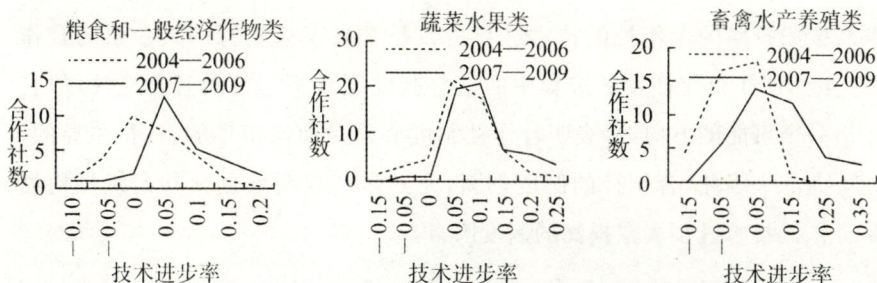

图 6.2　样本合作社的年均技术进步率分布情况

那么，合作社技术进步背后真正的驱动力是什么？

在很大程度上，合作社技术的进步主要依赖于创新。而创新的内涵广泛，既包括技术方面的创新，又包括非技术即组织制度方面的创新。因此，推动合作社技术进步的因素既包括新技能、新工艺、新产品等直接技术创新因素，又包括新的组织结构、新制度等非技术创新因素。本节重点归纳和分析以下三大因素。

第一，合作社与同类合作社，以及生产同类产品的企业和农户之间的激烈竞争是技术进步的市场压力。随着中国市场经济改革的深入，农产品市场化程度不断提高，合作社不但面临着与同类合作社的竞争，还要与生产同类产品的农业企业以及提供同类产品的农户展开竞争。日趋激烈的市场竞争环境迫使合作社引入新设备、新工艺，加大对技术的投入，以保持或者赢得市场优势。因此，激烈的市场竞争能极大地促进合作社的技术进步。在本书涉及的三类合作社中，粮食和一般经济作物类合作社由于所经营农产品的特性，其市场竞争程度低于蔬菜水果类和畜禽水产养殖类合作社，从模型估计结果中可以看到，该类合作社的技术进步指数的增长速度最缓慢。

第二，组织制度创新是合作社技术进步的内在动力。首先是合作社的产权制度创新。比如，北美地区"新一代合作社"的出现就是传统合作社产权制度创新的结果。在浙江省，主要表现为有些合作社已经不再实行等额持股，而是实行一人一票和按股份投票相结合等。其次是合作社的组织机构创新。比如浙江有些合作社通过建立合作社内部直线职能制或事业部制，形成合作社—分社—小组的管理体制，对众多的合作社社员进行分层管理，以提高运营效率。由于数据所限，本章只选择合作社实行一人一票还是一人一票和按股投票相结合这一指标来检验组织制度创新对合作社技术进步的影响。分别对三类合作社样本的技术进步指数进行两样本 t 检验，结果表明，实行一人一票和按股投票的合作社的技术进步指数显著高于只实行一人一票的合作社[①]。虽然浙江合作社发展进程中的这些制度创新不一定具有普适性，但它昭示出一个可能的方向，并表明合作社制度必须是面向市场的、社员主导的、有竞争力的。因此，合作社的制度创新，尤其是产权制度创新和组织机构创新是合作社技术进步大幅提高的制度因素。

---

① 具体结果从略，需要者可以向笔者索取。

第三,政府支持是合作社技术进步的外在推动力。如果从秦汉时期(公元前 221 年—公元 220 年)以民间生产互助为目的的私社算起,几千年以来合作社的发展存亡始终与政治息息相关[①],换言之,合作社的发展受政府政策的影响。20 世纪 90 年代以来,在全球经济市场化浪潮中,我国政府将合作社视为经济组织加以扶持,尤其是市场化程度较高的沿海地区,比如浙江,更是致力于合作社市场竞争力的提高,扶持力度不断加强。具体来看,自 2004 年浙江省首先颁布《浙江省农民专业合作社条例》以来,尤其是 2007 年《农民专业合作社法》实行以后,浙江省除落实中央的各项政策之外,还根据实际情况出台了一系列支持合作社发展的政策措施,其支持力度大于 2007 年之前。比如为合作社成员开展培训、信息、新技术等服务,对合作社申报项目、开拓市场、引进人才、购置农机具等提供补助,对合作社组织制度创新、产品品牌创新等进行鼓励,等等。2004—2009 年期间,各类合作社的年均技术进步指数均大于零,尤其是 2007—2009 年各类合作社的年均技术进步指数更是分别达 4.08%、8.35% 和 8.22%,均高于2004—2006 年。因此,2004 年以来,尤其是 2007 年后的一系列扶持政策,无疑对合作社技术进步的提高起到了强有力的外部推动作用。

6.3.3 技术效率变化

从合作社的技术效率变化来看,首先,在整个考察期间,粮食和一般经济作物类与畜禽水产养殖类两类合作社的年均技术效率变化指数有所提高(分别为 1.03% 和 3.41%);但蔬菜水果类合作社的年均技术效率是下降的,其指数为 -3.14%。并且,蔬菜水果类和畜禽水产养殖类两类合作社的技术效率变化指数在 5% 水平上有意义(见表 6.4)。

其次,从时间序列数据来看,根据表 6.5,各类合作社的技术效率表现出下降或者加速放缓的趋势。粮食和一般经济作物类合作社在 2004—2005 年、2005—2006 年、2006—2007 年和 2007—2009 年的年平均技术效率变化指数分别为 10.39%、0.67%、-7.27% 和 1.06%;蔬菜水果类在这些时期的年平均技术效率变化指数为 -2.12%、0.08%、-2.68% 和 -5.42%;和畜禽水产

---

① [比]雅克·迪夫尼、[比]帕特里克·德夫尔特雷、赵黎:《“社会经济”在全球的发展:历史脉络与当前状况》,《经济社会体制比较》2011 年第 1 期,第 146—156 页。

养殖类为10.14％、0.39％、3.09％、1.86％，且仅有粮食和一般经济作物类合作社在2004—2005年的技术效率变化指数在5％水平上有意义。由此可见，三类合作社的技术效率变化趋势不容乐观。

最后，分时期来看，根据表6.6中的结果，在2004—2006年和2007—2009年两个时期，三类合作社的年均技术效率变化指数值均在后一期小于前一期。具体来看，虽然粮食和一般经济作物类与畜禽水产养殖类两类合作社的年均技术效率在两时期均有所提高，但提高速度分别由5.42％下降至1.06％，由5.15％下降为1.86％。蔬菜水果类合作社在两时期的年均技术效率都下降，且下降幅度增大，由－1.03％降至－5.42％。此外，根据图6.3可以得知，三类合作社的大多数样本情况与整体表现大体一致。

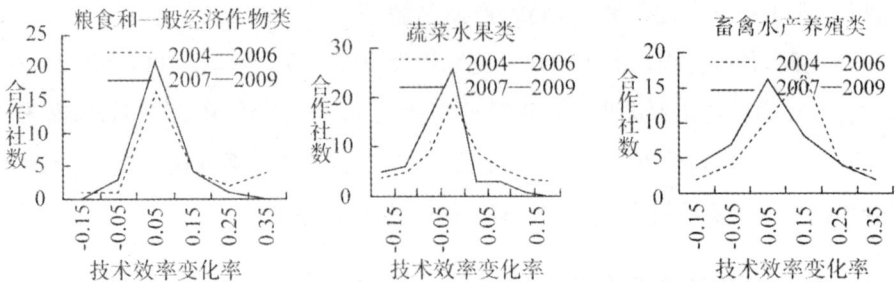

图6.3　样本合作社的年均技术效率变化率分布情况

为进一步分析合作社技术效率变化的来源，本节将粮食和一般经济作物类、蔬菜水果类和畜禽水产养殖类三类合作社的技术效率变化分别进行分解，其结果见表6.7。由表6.7可以发现，在整个考察期间，三类合作社的纯技术效率变化在5％水平上均没有意义，即其变化不显著。三类合作社的规模效率变化虽然在整体上较小，但相比纯技术效率变化较明显。其中蔬菜水果类合作社在2007—2009年和2004—2009年两个时期的年均规模效率变化是下降的，且在5％水平上有意义，同时也是该类合作社在这两期技术效率下降的主要原因。畜禽水产养殖类合作社的情况不同，其在2004—2009年的年均规模效率得到提高，且在5％水平上有意义，同时也是该类合作社在这一时期年均技术效率显著提高的主因。

由此可以得出，在研究期间，三类合作社的技术效率变化整体上均呈下降趋势，但其变化（提高或者下降）的主要来源并不是纯技术效率变化，而是规模效率变化。

表 6.7　三类合作社各期的技术效率变化及其来源

合作社	时　期	EC	PEC	SEC
粮食和一般经济作物类	2004/05	1.1039**	1.0219	1.0802
	2005/06	1.0067	1.0236	0.9834
	2006/07	0.9272	0.9661	0.9597
	2007/09	1.0106	1.0120	0.9987
	2004/06	1.0542**	1.0228	1.0307
	2004/09	1.0103	1.0069	1.0034
蔬菜水果类	2004/05	0.9788	0.9941	0.9846
	2005/06	1.0008	1.0096	0.9912
	2006/07	0.9732	0.9644	1.0091
	2007/09	0.9458	1.0145	0.9323**
	2004/06	0.9897	1.0018	0.9879
	2004/09	0.9686**	0.9992	0.9694**
畜禽水产养殖类	2004/05	1.1014	1.0087	1.0919
	2005/06	1.0039	0.9816	1.0228
	2006/07	1.0309	0.9855	1.0461
	2007/09	1.0186	1.0217	0.9969
	2004/06	1.0515	0.9951	1.0568
	2004/09	1.0341**	1.0037	1.0303**

注：EC、PEC 和 SEC 分别表示合作社的技术效率变化、纯技术效率变化和规模效率变化。** 表示变化值在 5％水平上有意义。

数据来源：笔者计算。

如何解释以上技术效率变化及来源的结果？其原因是什么呢？

从技术效率的定义以及平均技术效率变化指数的计算方法可以看出，合作社技术效率的高低取决于两个因素：(1)前沿技术水平的高低，即衡量基准；(2)既定约束条件下对现有要素的利用程度，即合作社本身的位置。因此，如果同类合作社创新力度较大，则该类合作社的生产前沿面上移较快，即技术效率的衡量标准不断提高。假如创新仅仅局限于少数合作社，大多数合作社由于各种约束条件而没能对创新进行很好的利用，即多数合作社将远离生产前沿面，那么这类合作社的平均技术效率变化指数就不会很高,甚至为负。相反,如果同类合作社的技术创新,技术进步不是很明显,或者对新技术的普及率比较高,亦或技术效率较低的合作社通过学习生产前沿上的合作社的先进组织形式、管理水平等取得了良好效果,这就意味着大多数合作社产出都接近于生产前沿面或者拉近了与生产前沿面的距离,则该类合作社的平均技术效率变化指数将比较高。因此,技术效率变化指数大于零表明该类合作社产生了"追赶效应",小于零说明该类合作社之间的差距在拉大。

从平均技术效率变化来看,蔬菜水果类合作社的平均技术效率下降很快,而粮食和一般经济作物类和畜禽水产养殖类这两类合作社却有所上升,但上升速度减缓。结合前文对技术进步指数的分析,本章对蔬菜水果类合作社的平均技术效率水平下降很快的解释是,一方面,从浙江省乃至全国范围合作社的发展情况来看,蔬菜水果类合作社的数量大于粮食和一般经济作物类,大量同类合作社的涌现意味着单个合作社正面临着越来越激励的竞争,竞争压力促使蔬菜水果类合作社提高其生产前沿水平,即促进了技术进步。另一方面,目前合作社的发展仍处于起步阶段,多数蔬菜水果类合作社的经济规模较小[①],难以发挥规模经济的优势;此外,多数蔬菜水果类合作社由于管理、信息、技术等方面的原因约束了对要素的有效利用,也拉大了合作社之间的技术效率差距。上述因素都将导致合作社平均技术效率水平下降。粮食和一般经济作物类合作社的市场竞争程度低于另外两类合作社,较弱的竞争压力无助于技术进步,反而使得技术效率水平较高。而畜禽水产类合作社的平均技术效率水平之所以有所提高,原因之一在于该类合作社对新技术的普及成本低于蔬菜水果类合作社。

6.3.4 TFP增长与技术进步和技术效率变化的关系

为了严格考察各类合作社的全要素生产率(TFP)增长与技术进步和技术效率变化的关系,首先分析各类合作社的总体情况。根据模型估计结果以及前文的分析,可以得知,2004—2009年间,粮食和一般经济作物类与蔬菜水果类这两类合作社的年均TFP的提高主要是由于技术进步,而畜禽水产养殖类

---

① 从三类合作社投入产出的描述统计分析中可以看出,蔬菜水果类合作社的经济规模是最小的,见表5.2。

合作社主要是技术效率的提高。分 2004—2006 年和 2007—2009 年两个时期考察，结果有所不同，粮食和一般经济作物类与畜禽水产养殖类合作社的年均 TFP 增长因素在前一期是技术效率，后一期为技术进步，蔬菜水果类合作社在两时期均是技术进步。这说明技术进步对各类合作社的全要素生产率增长起着越来越重要的作用，2007 年以来已经成为合作社 TFP 增长的主要推力。同时，这也表明政府政策产生了"增长效应"。

接下来考察各类合作社各样本的情况。图 6.4 列举了三类合作社样本分别在 2004—2006 年、2007—2009 年和 2004—2009 年的年均 TFP 增长（M）、技术进步（TC）和技术效率变化（EC）指数的分布。根据图 6.4，在考察各期，TFP 增长指数较高的合作社的技术进步和技术效率变化指数均较大；反之则

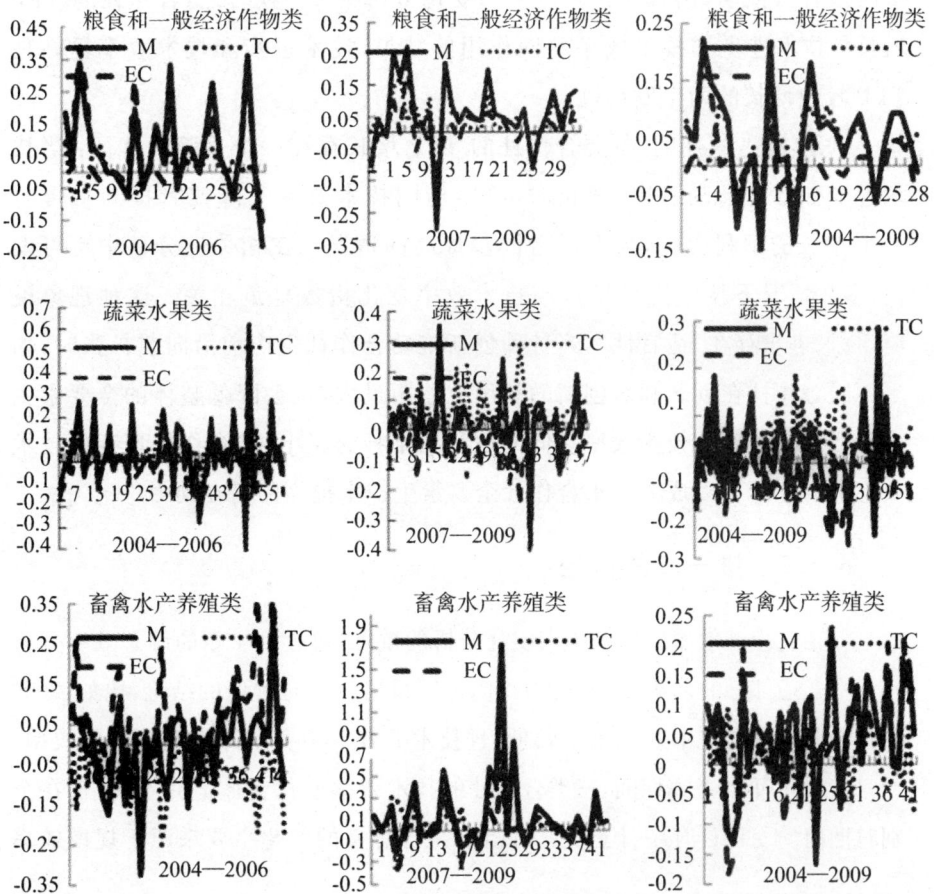

图 6.4　各类样本合作社的 TFP 增长、技术进步和技术效率变化指数

相反；多数合作社的 TFP 增长指数位于技术进步和技术效率指数之间，并且更多的是技术进步指数位于技术效率指数之上，在 2007—2009 年表现最为明显。各类合作社的样本分布能反映同类合作社的总体情况。

进一步，对各类样本合作社的年均 TFP 增长、技术进步和技术效率变化指数进行相关性分析①。结果发现，除粮食与一般经济作物类合作社在 2004—2009 年各期，畜禽水产养殖类合作社在 2006—2007 年和 2007—2009 年的年均 TFP 增长指数与技术进步指数的相关系数略大于技术效率变化指数外（相关系数均在 0.5 以上），三类合作社各期的年均 TFP 增长指数与技术效率变化指数的相关系数均大于技术进步指数。

以上结果说明，考察期间，合作社的全要素生产率增长不仅受到技术进步的强有力推动，而且与技术效率的变化密切相关。换言之，合作社的 TFP 增长是技术进步和技术效率共同作用的结果，技术进步和技术效率提高是 TFP 较快增长的两个发动机。

但是，在考察期间，各类合作社的 TFP 增长存在一个显著的特征：当技术进步有力地推动 TFP 增长时，总会遇到技术效率下降或者提高减慢对 TFP 增长的不利影响，少有两者同步提高的情况。在相关性分析中也可发现，多数情况下技术进步指数与技术效率变化指数呈负相关。这种现象说明，技术进步存在"适宜性"，当各种创新推动合作社生产前沿向前扩张时，如果不同合作社在创新和对创新的利用上差距过大，也会降低整体的全要素生产率增长。合作社技术效率降低的现状从某种意义上说，合作社现存的技术效率上的差距可以成为未来合作社全要素生产率提高的潜在动力。

6.3.5 进一步的讨论

营销合作社效率问题是本书实证分析的重点，通过第 4 章的静态效率分析和本章上述部分的动态效率分析，我们可以得出一些有价值的结论，比如，2009 年营销合作社的技术效率水平较低，且技术低效率主要来源于纯技术低效率；2004—2009 年各考察期间，三类合作社的技术效率变化整体上并不大（仅在个别时期内的变化具有统计意义），并且有统计意义的变化主要来源于规模效率

---

① 相关性分析的具体结果从略，需要者可以向笔者索取。

变化,而不是纯技术效率变化。然而,从上述分析中,我们不能确定 2004—2009 年期间合作社在各年的技术效率水平及主要来源。为此,有必要进一步分析合作社的比较动态效率,即合作社各年的技术效率、纯技术效率和规模效率。

此外,第 5 章用于合作社静态效率分析的数据和本章所使用的样本数据具有较大差异性,尽管从理论上,Bootstrap 方法能够有效解决样本选择问题,但谨慎起见,运用本章数据来检验第 5 章的结论,也是有必要的。

基于第 5 章关于合作社前沿面的分析,这里仍然假定浙江粮食和一般经济作物类、蔬菜水果类和畜禽水产养殖类三类营销合作社分别具有各自的生产前沿面,并运用 Bootstrap-DEA 模型分别估计三类合作社在 2004—2007 年各年以及 2009 年的技术效率、纯技术效率和规模效率(见表 6.8)。

表 6.8　三类合作社各年的技术效率及其分解

合作社	年　份	TE	PTE	SE
粮食和一般经济作物类	2004	0.6944(0.0872)	0.7749(0.0705)	0.8962(0.0284)
	2005	0.8104(0.0609)	0.8371(0.0581)	0.9681(0.0052)
	2006	0.8229(0.0555)	0.8644(0.0427)	0.9520(0.0164)
	2007	0.7350(0.0750)	0.8045(0.0581)	0.9137(0.0254)
	2009	0.7544(0.0716)	0.8279(0.0437)	0.9113(0.0364)
蔬菜水果类	2004	0.7569(0.0543)	0.7902(0.0546)	0.9578(0.0024)
	2005	0.7421(0.0512)	0.7921(0.0469)	0.9368(0.0086)
	2006	0.7417(0.0524)	0.7976(0.0497)	0.9299(0.0072)
	2007	0.7063(0.0647)	0.7496(0.0657)	0.9423(0.0034)
	2009	0.6152(0.0706)	0.7798(0.0545)	0.7889(0.0331)
畜禽水产养殖类	2004	0.5520(0.0780)	0.7628(0.0508)	0.7237(0.0506)
	2005	0.6445(0.0575)	0.7778(0.0525)	0.8286(0.0169)
	2006	0.6562(0.0508)	0.7631(0.0545)	0.8600(0.0048)
	2007	0.6597(0.0728)	0.7515(0.0581)	0.8778(0.0268)
	2009	0.6812(0.0713)	0.7624(0.0745)	0.8935(0.0056)

注：TE、PTE 和 SE 分别代表合作社的技术效率、纯技术效率和规模效率。
括号中的数字表示 Bootstrap 偏差估计。
数据来源：笔者计算。

根据表 6.8 中的结果，我们可以得出如下几点结论：(1)整体上，三类合作社均存在技术低效率。除了粮食和一般经济作物类合作社 2005 年的技术效率水平相比 2004 年有一个比较大的变化外，各类合作社在整个研究期间的技术效率水平变化不大。这与表 6.5 中显示的结果是一致的。(2)在 2004—2009 年期间，三类合作社的技术低效率均主要来源于纯技术低效率。除了畜禽水产养殖类合作社在 2004 年时的纯技术效率高于规模效率外，三类合作社的纯技术效率均低于规模效率，并且各年的变化均不太大，这与表 6.7 中的结果具有一致性。这一结果不但意味着合作社内部存在比较严重的经营不力、管理不善(这与第 5 章得出的结论是一致的)，而且，还意味着合作社的这种经营管理水平在整个研究期间并没有得到改善。(3)从规模效率结果来看，三类合作社在整个研究期间也存在着规模低效率。其中蔬菜水果类合作社从 2007 年到 2009 年的规模效率均值下降最为明显，这与表 6.7 中的结果是一致的。此外，三类合作社之间的各效率值存在异质性，这与第 5 章的研究结果一致，其深层原因在第 5 章已经阐述。

6.4　本章小结

本章在第 4 章理论分析的基础上，使用 2004—2007 年和 2009 年浙江省营销合作社数据，运用 Bootstrap Malmquist 指数方法，测算了粮食和一般经济作物类、蔬菜水果类和畜禽水产养殖类三类合作社的动态效率，即全要素生产率(TFP)的增长，并将 TFP 分解为技术进步和技术效率变化进行深入分析。为揭示《农民专业合作社法》实施以来政府对合作社的扶持效应，我们进一步将三类合作社的全要素生产率增长、技术进步和技术效率变化具体分为 2004—2006 年和 2007—2009 年两个时期进行比较分析。此外，本章的最后部分采用 Bootstrap-DEA 模型考察了 2004—2009 年三类合作社的比较动态效率，可以视为第 5 章和本章相关实证结果的检验。

从本章的分析结果中我们可以得出以下几点结论：

(1)2004—2009 年期间，粮食和一般经济作物类、蔬菜水果类和畜禽水产养殖类三类营销合作社的年均全要素生产率增长率分别为 4.34％、1.95％和 4.37％，且在 5％水平上有意义。

(2)三类合作社技术进步的提高速度呈加快趋势，其中合作社与同类合作社，以及生产同类产品的企业和农户之间的激烈竞争是技术进步的市场压力；组织制度创新是合作社技术进步的内在动力；政府支持是合作社技术进步的外在推力。

(3)技术效率表现出下降或者增速放缓的趋势，其变化（提高或者下降）主要来源于规模效率变化，而不是纯技术效率变化。

(4)2007年以来政府对合作社的扶持效果主要体现在技术进步上，但技术进步在推动合作社生产率提高的同时也加剧了合作社之间的技术效率差距。这意味着，技术进步存在"适宜性"，当各种创新推动合作社生产前沿向前扩张时，如果不同合作社在创新和对创新的利用上差距过大，也会降低整体的全要素生产率的增长。

(5)不同产品类型合作社的 TFP 增长方式存在差异，主要体现在：2004—2006年间，粮食和一般经济作物类与畜禽水产养殖类合作社的年均 TFP 增长主要是由于技术效率的提高，而蔬菜水果类合作社的 TFP 增长则是由于技术进步。同时，这也说明了将合作社按产品分类、在时间上分期进行研究的重要意义。

(6)在研究期间，三类合作社的技术低效率均主要来源于纯技术低效率。这一结果不但意味着合作社内部存在比较严重的经营不力、管理不善（这与第5章得出的结论是一致的），而且，还意味着合作社的这种经营管理水平在整个研究期间并没有得到提升。

7 总结与展望

7.1 主要结论

20世纪90年代以来,农民合作社在推动中国农业现代化、促进农民增收、加快农村经济社会发展等方面发挥的作用越来越重要。然而,在经济日益全球化的今天,合作社的发展面临着国际国内同业巨大的竞争压力。为保持竞争力,合作社提高经济效率既有必然性,也具合理性。当前中国农民合作社的运行效率如何?营销、服务、购买等不同类型合作社的效率是否可比?依据是什么?相同类型合作社产品特性是影响其发展的主要因素,而不同产品类型合作社的生产技术与市场交易特性存在明显差异,那么不同产品类型合作社的效率是否存在显著差异?其深层原因是什么?又是哪些因素影响到相同产品类型合作社之间单个合作社的效率?如果从动态发展角度来看,合作社效率是如何变化的?根源是什么?以上问题的解答对促进中国农民合作社的进一步发展具有重要指导意义。然而在回答这些问题之前,首要弄清楚的理论问题是,合作社效率的内涵是什么?其相比企业组织有何特殊性?如何准确衡量合作社效率?静态(短期)效率和动态(跨期)效率有何异同?围绕这些问题,本书对农民合作社效率进行了理论分析和实证考察,以期完善现有合作社效率研究的理论体系,并对中国农民合作社的发展实践提供科学的政策建议。

本书首先针对农民合作社效率进行了较为系统、详尽的理论分析,在此基础上改进现有目标函数的不足,构建了一个能够运用于实践的营销合作社目标函数。然后进行实证研究,主要有:采用 Bootstrap-DEA 模型准确测度了 2009 年浙江粮食和一般经济作物类、蔬菜水果类及畜禽水产养殖类三类营销合作社总体及细分产品类型的技术效率、纯技术效率和规模效率;运用单侧截断 Bootstrap(single truncated Bootstrap)方法检验合作社规模、财务杠杆、理事会规模、负责人(管理者)企业家才能、社员人力资本、地区经济发展水平等因素分别对三类合作社的技术效率、纯技术效率和规模效率的影响;使用 Bootstrap Malmquist 模型分别考察了三类营销合作社的全要素生产率增长及其来源。通过理论与实证分析,本书主要作出了如下几方面的贡献和结论:

(1)关于合作社效率的决定。合作社的本质特性决定了其效率判断与投资者所有企业存在明显不同,合作社效率决定于目标函数的构建。已有的理论研究由于考虑到合作社目标和成员目标的不一致性,所构建的目标函数无法运用于实证分析。本书结合中国合作社发展实际,所构建的营销合作社目标函数将理论与实践联系起来,既是对已有理论成果的改进,也成为后文实证研究的基础。

(2)关于营销合作社的静态效率分析。首先,在静态效率测度结果方面,无论是总体还是分产品类型,浙江营销合作社效率水平均较低,且技术低效率的主导因素是纯技术低效率。从各类合作社的效率水平比较来看,畜禽水产养殖类合作社的技术和纯技术效率水平在三类合作社中最高,其效率值分别为 0.46 和 0.54,粮食和一般经济作物类合作社最低,其技术和纯技术效率值分别为 0.41 和 0.49。从各类合作社内部的效率差距来看,粮食和一般经济作物类合作社的技术、纯技术和规模效率差距在三类合作社中最小,蔬菜水果类合作社的技术和纯技术效率差距最大,畜禽水产养殖类合作社的规模效率差距最大。各类合作社效率异质性的可能原因有产品特性及市场竞争的异质影响。其次,在营销合作社静态效率影响因素方面,合作社规模、负责人(管理者)的企业家才能、社员的人力资本、合作社所在地区的经济发展水平等显著影响合作社静态效率。其中,负责人(管理者)的企业家才能和社员的人力资本是最为重要的因素;同一因素对不同产品类型的合作社,其影响方向和程度都存在差异。

(3)关于营销合作社的动态效率研究。2004—2009 年间,粮食和一般经济作物类、蔬菜水果类及畜禽水产养殖类三类营销合作社年均 TFP 增长率分别为 4.34％、1.95％和 4.37％，且在 5％水平上有意义；三类合作社技术进步的提高速度呈加快趋势，主要驱动力有市场竞争压力、组织制度创新和政府支持；技术效率表现出下降或提高速度减缓的趋势，且研究期间三类合作社技术低效率均主要来源于纯技术低效率；2007 年以来的政府扶持效果主要体现在技术进步上，但其在推动生产率提高的同时也加剧了合作社之间的技术效率差距，说明技术进步存在"适宜性"；合作社 TFP 的增长主要源于技术进步而不是技术效率的提高，政府扶持成为合作社技术进步的推动力量，且不同产品类型合作社 TFP 增长方式存在差异。

　　总体而言，本书将理论与实证较好地结合在一起，较系统地研究了农民合作社效率问题。理论上对已有研究成果进行了梳理和改进，所构建的营销合作社目标函数将理论与实践联系起来。实证方法上所使用的 Bootstrap-DEA 模型、单侧截断 Bootstrap(single truncated Bootstrap) 程序和 Bootstrap Malmquist 方法是当前此研究领域最为优良的方法。实证内容上首次针对营销合作社的效率问题，利用浙江省营销合作社数据进行较为深入细致的经验研究，得出了较为可靠和有价值的结论。

7.2　政策建议

　　基于以上结论，结合中国农民合作社的发展实际，以及前文对合作社实现效率最优的机理分析，本书给出如下几个层面的政策建议：

　　(1)合作社成员层面。建议加大对合作社成员(包括经理)的投资力度。1964 年，舒尔茨就提出了改造传统农业，提高农业生产率的关键在于向农民投资。因为农业生产的主体——农民的能力差别是产生农业生产率差异的最根本和最重要的原因。"一旦农民有了投资机会和有效的刺激，农民将会点石成金"(Schultz,1964)。舒尔茨认为，教育和培训是非常重要的投资方式。笔者认为，舒尔茨的论断同样适用于合作社。面对中国合作社成员多为合作意识不强、管理能力较弱的传统小农这一现实，对其成员进行投资显得尤其重要。具体而言，针对合作社经理人员，主要通过专业培训和实践指导，着重培养合作社经理人的企业家才能，锤炼其责任意识与合作精神，提升其号召动员及合理配置、利用社会资源的能力。针对普通成员,主要通过教育培训增强其合作意识,不断提高议事能力、应变能力和经营管理水平,进而提高合作社效率。

(2)合作社层面。建议将提高技术进步、促进落后合作社追赶先进合作社作为今后扶持的重点内容。具体而言,第一,应进一步提高农产品的市场化程度,强化竞争,并将合作社推向市场,积极参与竞争。第二,鼓励各种创新,尤其是组织制度层面的创新,不断加快合作社的技术进步。第三,注重技术、制度等方面创新的落实和推广,更多地提供经营指导、技术培训、信息传递等服务,拓宽合作社之间比、学、赶、帮的平台,缩小同类合作社之间的效率差距。第四,应立足实际,有针对性地对不同产品类型合作社采取有差异的扶持措施。第五,应积极整合各类合作社的资源,对合作社的发展进行科学、合理的引导,还需要防止因盲目增加数量扩大规模而造成的资源浪费。

(3)合作社外部环境层面。建议进一步深化体制机制改革,为合作社发展创造良好的外部环境。毫无疑问,《农民专业合作社法》的出台和实施,对全国各类合作社效率的提高起到了重要作用。下一步除了要继续完善相关法律法规、创造良好的制度环境外,还应在统筹区域资源环境上下功夫,根据各地区资源条件因地制宜地制定相关政策,充分发挥好对合作社发展的正向激励作用。

7.3 研究展望

本书对农民合作社效率问题进行了系统性研究,尤其是就目标函数与实际运用的结合进行了有益的尝试,同时将当前较为优良的方法运用到研究中,取得了一些有价值的研究成果。但囿于笔者的能力和时间,在许多方面仍存在许多需完善之处:

首先,目标函数的假设较为严格。只要假设了不对称信息,合作社目标与成员目标不一致就是一个难以避免的问题。当目标不一致时,现有目标函数中合作社对成员产品支付为零的假设就难以成立。此时,该目标函数将与已有文献中的目标函数一样,面临均衡不稳定和难以将其运用于实证分析的难题。如果能更明确地假设成本函数的形式,可得到更丰富的含义。探讨成本函数的形式对均衡的影响将是笔者未来努力的方向。

其次，从实证方法来看，虽然本书所使用的 Bootstrap-DEA 模型、单侧截断 Bootstrap(single truncated Bootstrap)程序和 Bootstrap Malmquist 方法是当前最为优良的方法之一，但是如果数据中含有异常值，Bootstrap 方法将可能因等概率抽取数据点而导致数值结果失真。因此，未来研究需考虑改进原有方法或引入其他方法(如半参数法)进行比较研究，使得出的结论更为可靠。

再次，从经验方面来看，本书未能检验产权因素对合作社效率的影响，尽管理论分析表明这是一项重要影响因素。事实上，在合作社内部已由单纯的"一人一票"，发展到开始出现"一人一票"和"按股投票"相结合的方式。那么到底是哪种方式更能促进效率？引入计量分析需要一定的样本数据，就目前的情况看，采取"按股投票"方式的合作社尚属少数，故要对此开展研究尚需时日。另外，对营销合作社全要素生产率增长、技术进步和技术效率变化的解释不够精确，这就需要引入计量分析方法。就目前合作社发展趋势来看，要实现这一点不太困难，可作为下一步的工作。同时，本书所使用的实证数据限于浙江省，若将研究扩展到全国或多个省份，并对不同省区合作社的效率进行比较研究，可能得出另一些有价值的结论，这无疑是值得研究的问题。

最后，本书未考虑合作社与投资者所有企业之间的效率比较。现实中合作社与企业并存的深层原因是什么？在何种情况下合作社的效率高于企业效率？何种条件下低于企业效率？令人感兴趣的还有如何构建非营销合作社(例如，购买合作社或服务合作社)的目标函数？如何测度非营销合作社的效率？进一步看，又是哪些因素影响到该类合作社的效率？这与营销合作社效率的影响因素有何不同吗？这些都是未来理论与实证研究中值得期待的工作。

附　　录

Bootstrap 的具体算法步骤[①]

步骤 1：利用原始样本数据集 χ，计算其效率值 $\hat{\theta}_i = \hat{\theta}(x_i, y_i)$，$\forall i = 1, 2, \cdots, n$。

步骤 2：将数据变换成极坐标：$(y_i, \boldsymbol{\eta}_i, \hat{\theta}_i)$，$\forall i = 1, 2, \cdots, n$，角度 $\boldsymbol{\eta} \in [0, \pi/2]^{p-1}$，$\hat{\theta}_i$ 是 θ_i 的一致 DEA 估计量。并形成增广矩阵 $\tilde{\boldsymbol{\Gamma}} = \begin{bmatrix} \boldsymbol{\Gamma} \\ \boldsymbol{\Gamma}_R \end{bmatrix}$，其中 $\boldsymbol{\Gamma} = \begin{bmatrix} y_i & \boldsymbol{\eta}_i & \hat{\boldsymbol{\theta}}_i \end{bmatrix}$ 是 $n \times (p + q)$ 矩阵，p 为投入向量，q 为产出产量，$\boldsymbol{\Gamma}_R = \begin{bmatrix} y_i & \boldsymbol{\eta}_i & 2 - \hat{\boldsymbol{\theta}}_i \end{bmatrix}$ 是 $\boldsymbol{\Gamma}$ 的反射矩阵[②]。

步骤 3：分别计算 $\boldsymbol{\Gamma}$ 和 $\boldsymbol{\Gamma}_R$ 的协方差阵，分别记为 $\hat{\boldsymbol{\Sigma}}_1$ 和 $\hat{\boldsymbol{\Sigma}}_2$，并计算下三角阵，分别记为 L_1 和 L_2，根据 Cholesky 分解可得 $\hat{\boldsymbol{\Sigma}}_1 = L_1 L_1'$ 和 $\hat{\boldsymbol{\Sigma}}_2 = L_2 L_2'$。

步骤 4：选择合适的带宽 h。对 $\ell = 1, 2$，$K_\ell(\cdot)$ 为 $(p + q)$ 变量的高斯函数，且有零均值和方差 $\hat{\boldsymbol{\Sigma}}_\ell$，即：

$$K_\ell(x) = (2\pi)^{-(p+q)/2} (\det(\hat{\boldsymbol{\Sigma}}_\ell))^{-1/2} \exp\left(-\frac{1}{2} x \hat{\boldsymbol{\Sigma}}_\ell^{-1} x\right)$$

其中 $\ell = 1, 2$。$z = (y, \eta, \theta)$ 的一致核密度估计为

$$\tilde{f}_h(z) = \frac{1}{2nh^{p+q}} \sum_{i=1}^{n} \left[K_1\left(\frac{z - z_i}{h}\right) + K_2\left(\frac{z - z_{Ri}}{h}\right) \right]$$

[①]　主要参考了 Simar 和 Wilson(2000)的成果。

[②]　详见 Silverman(1986)。

其中 h 为带宽，z_i 为矩阵 $\boldsymbol{\Gamma}$ 的第 i 行，z_{Ri} 为矩阵 $\boldsymbol{\Gamma}_R$ 的第 i 行。则 f 的一致估计 $\hat{f}_h$ 为：

$$\hat{f}_h(z) = \begin{cases} 2\,\hat{f}_h(z), z \in A \\ 0, \qquad \text{其他} \end{cases}$$

其中 $(y_i, \eta_i, \theta_i) \in A = R_+^q \times [0, \pi/2]^{p-1} \times [0, 1]$。

$\hat{f}_h(z)$ 的一致性要求当 $n \to \infty$ 时，$h \to 0$，但 h 无需变化太快，特别是，需要有 $h = o(n^{-1/(p+q+4)})$，一种可能性是利用一般规则（Scott，1992），有

$$\hat{h} = \left(\frac{4}{p+q+2}\right)^{1/(p+q+4)} n^{-1/(p+q+4)}$$

步骤 5：随机选择 n 行，替代增广矩阵 $\tilde{\boldsymbol{\Gamma}}$，将结果表示为 $n \times (p+q)$ 矩阵 $\tilde{\boldsymbol{\Gamma}}^*$，计算 $\tilde{\boldsymbol{\Gamma}}^*$ 每一列的均值，记为 $1 \times (p+q)$ 行向量 $\bar{z}^*$。

步骤 6：生成 $n \times (p+q)$ 矩阵 $\boldsymbol{\xi}$，$\boldsymbol{\xi}$ 是 i.i.d 的标准正态伪随机变量[①]，令 $\boldsymbol{\xi}_i$ 表示这个矩阵的第 i 行，计算 $n \times (p+q)$ 矩阵 $\boldsymbol{\xi}^*$，第 i 行的矩阵 $\boldsymbol{\xi}_i^* = \boldsymbol{\xi}_i \boldsymbol{L}'_\ell$。

因此，$\boldsymbol{\xi}_i^* \sim N_{p+q}(0, \hat{\boldsymbol{\Sigma}}_\ell)$，如果 $\tilde{\boldsymbol{\Gamma}}^*$ 的第 i 行取自 $\tilde{\boldsymbol{\Gamma}}$ 的 $1, 2, \cdots, n$ 行，则 $\ell = 1$；如果 $\tilde{\boldsymbol{\Gamma}}^*$ 的第 i 行取自 $\tilde{\boldsymbol{\Gamma}}$ 的 $n+1, n+2, \cdots, 2n$ 行，则 $\ell = 2$。

步骤 7：计算 $n \times (p+q)$ 矩阵 $\boldsymbol{\Gamma} = (1+h^2)^{-1/2}(\boldsymbol{M}\tilde{\boldsymbol{\Gamma}}^* + h\boldsymbol{\xi}^*) + i_n \otimes \bar{z}^*$，其中 $\boldsymbol{M} = \boldsymbol{I}_n - (1/n)i_n i'_n$ 为通常的 $n \times n$ 中心化矩阵，$\boldsymbol{I}_n$ 为 n 阶单位阵，i_n 为 $n \times 1$ 元素均为 1 的向量，$\otimes$ 表示 Kronecker 乘积。

步骤 8：将 $\boldsymbol{\Gamma}$ 分块为 $\boldsymbol{\Gamma} = (\boldsymbol{\gamma}_{i1}, \boldsymbol{\gamma}_{i2}, \boldsymbol{\gamma}_{i3})$，其中 $\boldsymbol{\gamma}_{i1} \in R_+^q$，$\boldsymbol{\gamma}_{i2} \in [0, \pi/2]^{p-1}$，$\boldsymbol{\gamma}_{i3} \in (-\infty, \infty)$，$\forall i = 1, 2, \cdots, n$。定义 Bootstrap 的伪数据 $n \times (p+q)$ 矩阵 $\boldsymbol{\xi}^*$，$\boldsymbol{\xi}_i^*$ 的第 i 行 z_i^* 为 $z_i^* = \begin{cases} (\boldsymbol{\gamma}_{i1}, \boldsymbol{\gamma}_{i2}, \boldsymbol{\gamma}_{i3}), \quad \boldsymbol{\gamma}_{i3} \leqslant 1 \\ (\boldsymbol{\gamma}_{i1}, \boldsymbol{\gamma}_{i2}, 2-\boldsymbol{\gamma}_{i3}), \text{其他} \end{cases}$，因此，$\boldsymbol{\gamma}_{i3} > 1$ 的值经边界 $\hat{\theta} = 1$ 反射回来，确保了 $z_i^* \in A, \forall i = 1, 2, \cdots, n$。

步骤 9：利用方程 $\hat{x}^{\partial*}(y_i^*) = \tilde{x}\,\hat{\theta}(\tilde{x}, y_i^*)$ 和 $x_i^* = \theta_i^* \hat{x}^{\partial*}(y_i^*)$，$\tilde{x}$ 为角

---

① i.i.d 为 Bootstrap 样本 (x_i^*, y_i^*)，$i = 1, 2, \cdots, n$。

度为 η_i^* 的射线在 x 空间上的任一点，将极坐标变换为笛卡尔坐标，这需要解 DEA 的 n 个线性规划。这样，就可以得出 Bootstrap 样本 $\Phi^* = \{(x_i^*, y_i^*) \mid i = 1, 2, \cdots, n\}$。若发现这个结果在线性规划中具有不可行解，重复步骤 5 至 8。

步骤 10：对于给定的点 (x_0, y_0)，可通过解 DEA 规划来计算 $\hat{\theta}^*(x, y)$。

步骤 11：重复步骤 5 至 10 共 B 次（$B = 2000$），得到 Bootstrap 估计值的集合 $\{\hat{\theta}_b^*(x, y) \mid b = 1, 2, \cdots, B\}$。

参考文献

[1] Aigner, D. J., Lovell, C. A. K. & Sehmidt, P. Specification and Estimation of Frontier Production, Profit and Cost Function. *Journal of Econometrics*, 1977(6): 12 − 20.

[2] Alback, S. & Schultz, C. One Cow? One Vote? *Scandinavian Journal of Economics*, 1997, 99(4): 597 − 615.

[3] Alchian, A. A. & Demseta, H. Production, Information Costs, and Economic Organization. *American Economic Review*, 1972, 62(5): 777 − 795.

[4] Arcas, N. & Ruiz, S. Marketing and Performance of Fruit and Vegetable Cooperatives. *Journal of Co-operative Studies*, 2003, 36(1): 107.

[5] Ariyaratne, C. B., Featherstone, A. M. & Langemeier, M. R. What Determines Productivity Growth of Agricultural Cooperatives? *Journal of Agricultural and Applied Economics*, 2006, 38(1): 47 − 59.

[6] Ariyaratne, C. B., Featherstone, A. M., Langemeier, M. R. & Barton, D. G. An Analysis of Efficiency of Midwestern Agricultural Cooperatives. Submitted for Consideration as a WAEA Selected Paper, 1997, 4(20): 1 − 13.

[7] Ariyaratne, C. B., Featherstone, A. M. & Langemeier, M. R. & Barton, D. G. Measuring X-Efficiency and Scale Efficiency for a Sample of Agricultural Cooperatives. *Agricultural and Resource Economics Review*, 2000, 29(2): 198 − 207.

[8] Atkinson, S. E. & Halvorsen, R. A Test of Relative and Absolute Price Efficiency in Regulated Utilities. *The Review of Economics and Statistics*, 1980, 62(1): 81 – 88.

[9] Banker, R. D. , Charnes, A. & Cooper, W. W. Some Models for Estimating Technical and Scale Inefficiencies in Data Envelopment Analysis. *Management Science*, 1984, 30(9): 1078 – 1092.

[10] Barros, C. P. & Dieke, P. U. C. Measuring the Economic Efficiency of Airports: A Simar-Wilson Methodology Analysis. *Transportation Research Part E: Logistics and Transpontation Review*, 2008, 44: 1039 – 1051.

[11] Barton, D. *What Is a Cooperative? In Cooperatives in Agriculture: Logistics and Transportation Review*. New Jersey: Prentice-Hall, Inc. , 1989: 102 – 110.

[12] Bateman, D. I. , Edwards, J. R. & Levay, C. Agricultural Cooperatives and the Theory of the Firm. *Oxford Development Studies*, 1979, 8(1): 63 – 81.

[13] Baumol, W. J. , Bailey, E. E. & Willig, R. D. Weak Invisible Hand Theorems on the Sustainability of Multiproduct Natural Monopoly. *The American Economic Review*, 1977, 67(3): 350 – 365.

[14] Boyle, G. E. The Economic Efficiency of Irish Dairy Marketing Cooperatives. *Agribusiness*, 2004, 20(2): 143 – 153.

[15] Caves, D. W. , Christensen, L. & Diewert, W. The Economic Theory of Index Numbers and the Measurement of Input, Output, and Productivity. *Journal of the Econometric Society*, 1982, 50(6): 1393 – 1414.

[16] Chaddad, F. R. & Cook, M. L. Understanding New Cooperative Models: An Ownership-control Rights Typology. *Review of Agricultural Economics*, 2004(26): 348 – 360.

[17] Charnes, A. , Cooper, W. W. & Rhodes, E. Measuring the Efficiency of Decision Making Units. *European Journal of Operational Research*, 1978(2): 429 – 444.

[18] Choi, E. K. & Fernerman, E. Producer Cooperatives, Input

Pricing and Land Allocation. *Journal of Agricultural Economics*, 1993, 44 (2): 230 – 244.

[19] Clark, E. Farmer Cooperatives and Economic Welfare. *Journal of Farm Economics*, 1952, 34(1): 35 – 51.

[20] Coase, R. H. The Nature of the Firm. *Economica*, 1937, 4(16): 386 – 405.

[21] Coase, R. H. Problem of Social Cost. *Journal of Law and Economics*, 1960(3): 1 – 44.

[22] Coelli, T. J., Rao, D. S. P., O'Donnell, C. J. & Battese, G. E. An Introduction to Efficiency and Productivity Analysis, 2nd ed., New York: Springer, 2005: 221 – 230.

[23] Cook, M. L. The Future of US Agricultural Cooperatives: A Neo-Institutional Approach. *American Journal of Agricultural Economics*, 1995, 77(5): 1153 – 1159.

[24] Cook, M. L., Chaddad, F. R. & Iliopoulos, C. Advances in Cooperative Theory Since 1990: A Review of Agricultural Economics Literature In: Hendrikse, G. W. (ed.). *Restructing Agricultural Cooperatives*. Rotterdan: Erasmus University, 2004: 65 – 90.

[25] Cotterill, R. W. Agricultural Cooperatives: A Unified Theory of Pricing, Finance, and Investment. *Cooperative Theory: New approaches*, ACS Service Report No. 18. Washington, D. C. : United States Department of Agriculture, 1987: 171 – 251.

[26] Cotterill, R. W. The Performance of Agricultural Marketing Cooperatives in Differentiated Product Markets. *Journal of Cooperatives*, 1997(12): 23 – 34.

[27] Deng, H. S., Huang, J. K., Xu, Z. & Rozelle, S. Policy Support and Emerging Farmer Professional Cooperatives in Rural China. *China Economic Review*, 2010, 21(4): 495 – 507.

[28] Efron, B. Bootstrap Methods. Another Look at the Jackknife. *The Annals of Statistics*, 1979(7): 1 – 16.

[29] Efron, B. & Tibshirani, R. J. An Introduction to the Bootstrap. New York: Chapman and Hall, 1993: 114 – 123.

[30] Egerstrom, L. Obstacles to Cooperation. In: *Cooperatives and Local Development: Theory and Applications for the 21st Century*. New York: M. E. Sharpe Inc. , 2004: 70 – 91.

[31] Eilers, C. & Hanf, C. H. Contracts between Farmers and Farmers-processing Cooperatives: A Principal-agent Approach for the Potato Starch Industry. *Vertical Relationships and Coordination in the Food System*, 1999: 267 – 284.

[32] Emelianoff, I. V. *Economic Theory of Cooperation*. Ann Arbor: Edwards Brothers, 1942: 66 – 72.

[33] Enke, S. Consumer Cooperatives and Economic Efficiency. *American Economic Review*, 1945, 35(1): 148 – 155.

[34] Fama, E. F. & Jensen, M. C. Separation of Ownership and Control. *The Journal of Law and Economics*, 1983, 26(2): 301 – 325.

[35] Färe, R. , Grosskopf, S. , Lindgren, B. & Roos, P. Productivity Changes in Swedish Pharmacies 1980—1989: A Non-parametric Malmquist Approach. *Journal of Productivity Analysis*, 1992, 3(1—2): 85 – 101.

[36] Färe, R. , Grosskopf, S. & Norris, M. & Ihang, Z. Productivity Growth, Technical Progress and Efficiency Change in Industrialized Countries. *American Economic Review*, 1994, 84(1): 66 – 83.

[37] Farrell, M. J. The Measurement of Productive Efficiency. *Journal of the Royal Statistical Society*, *Series A*, 1957, 120 (3): 253 –290.

[38] Farris, P. L. , Padberg, D. I. , Ritson, C. & Albisu, L. M. Market Structure and Institutions. *Agro-food Marketing*, 1997: 135 – 163.

[39] Featherstone, A. M. & Rahman, M. R. Nonparametric Analysis of the Optimizing Behavior of Midwestern Cooperatives. *Review of Agricultural Economics*, 1996, 18(2): 265 – 273.

[40] Featherstone, A. M. & Kheraiji, A. A. Debt and Input

Misattocation of Agriculture Supply and Marketing Cooperations. *Applied Economics*, 1995(27)：811 – 875.

[41] Feinerman, E. & Falkovitz, M. An Agricultural Multipurpose Service Cooperative：Pareto Optimality, Price-tax Solution and Stability. *Journal of Comparative Economics*, 1991, 15(1)：95 – 114.

[42] Ferrier, G. D. & Porter, P. K. The Productive Efficiency of U. S. Milk Processing Cooperatives. *Journal of Agricultural Economics*, 1991, 42(2)：161 – 173.

[43] Fulton, M. E. Future of Canadian Agricultural Cooperatives：A Property Rights Approach. *American Journal of Agricultural Economics*, 1995, 77(5)：1144 – 1152.

[44] Galdeano-Gómez, E. Productivity Effects of Environmental Performance：Evidence from TFP Analysis on Marketing Cooperatives. *Applied Economics*, 2008, 40(14)：1873 – 1888.

[45] Galdeano-Gómez, E. , Céspedes-Lorente, J. & Rodríguez-Rodríguez, M. Productivity and Environmental Performance in Marketing Cooperatives：An Analysis of the Spanish Horticultural Sector. *Journal of Agricultural Economics*, 2006, 57(3)：479 – 500.

[46] Hsu, D. H. Venture Capitalists and Cooperative Start-up Commercialization Strategy. *Management Science*, 2006, 52(2)：204 – 219.

[47] Hailu, G. , Goddard, E. W. & Jeffrey, S. R. Measuring Efficiency in Fruit and Vegetable Marketing Cooperatives with Heterogeneous Technologies in Canada. In American Agricultural Economics Association Annual Meeting, Rhode Island, 2005(7)：211 – 224.

[48] Hailu, G. , Jeffrey, S. R. & Goddard, E. W. Efficiency, Economic Performance and Financial Leverage of Agribusiness Marketing Cooperatives in Canada. *Advances in the Economic Analysis of Participatory and Labor-Managed Firms*, 2007(10)：47 – 103.

[49] Hansmann, H. *The Ownership of Enterprise*. Cambridge：Harvard University Press, 2000.

[50] Harris, A., Stefanson, B. & Fulton, M. New Generation Cooperatives and Cooperative Theory. *Journal of Cooperatives*, 1996(11): 15 - 27.

[51] Helmberger P. G. & Hoos, S. *Cooperative Bargaining in Agriculture: Grower-processor Markets for Fruits and Vegetables.* Berkeley: University of California, Division of Agricultural Services, 1965.

[52] Helmberger, P. G. & Hoos, S. Cooperative Enterprise and Organization Theory. *Journal of Farm Economics*, 1962, 44(2): 275 - 290.

[53] Hendrikse, G. W. & Bijman, J. Ownership Structure in Agrifood Chains: The Marketing Cooperative. *American Journal of Agricultural Economics*, 2002, 84(1): 104 - 119.

[54] Hendrikse, G. W. & Veerman, C. P. Marketing Cooperatives and Financial Structure: A Transaction Costs Economics Analysis. *Agricultural Economics*, 2001, 26(3): 205 - 216.

[55] Hendrikse, G. W. & Veerman, C. P. Marketing Cooperatives: An Incomplete Contracting Perspective. *Journal of Agricultural Economics*, 2001, 52(1): 53 - 64.

[56] Henehan, B. M. & Anderson, B. L. *Decision Making in Membership Organizations: A Study of Fourteen US Cooperatives.* Washington, D. C. : Department of Agricultural, Resource and Managerial Economics, Collage of Agricaltune and Life Science, Cornell University, 1994.

[57] Henehan, B. M. & Anderson, B. L. Evaluating the Performance of Agricultural Cooperative Boards of Directors. A Paper Presented at the NCR 194 Committee Meeting, Kansas City, 1999: 12 - 55.

[58] Hind, A. Cooperative Performance: Is there a Dilemma? *Journal of Cooperatives*, 1999(14): 30 - 43.

[59] Horowitz, J. L. The Bootstrap. In: Heckman, J. J. & Leamer, E. E. (eds). *Handbook of Econometrics*, 2001(5): 3159 - 3228.

[60] Jensen, M. C. & Meckling, W. H. Theory of the Firm, Managerial Behavior, Agency Costs and Ownership Structure. *Journal of Financial Economics*,

1976，3(4)：305 - 360.

[61] Kalirajan，K. P. & Shand，R. T. Frontier Production Functions and Technical Efficiency Measures. *Journal of Economic Surveys*，1999，13(2)：149 - 172.

[62] Kebede，E. & Schreiner，D. F. Economies of Scale in Dairy Marketing Cooperatives in Kenya. *Agribusiness*，1996，12(4)：395 - 402.

[63] Kneip，A.，Simar，L. & Wilson，P. W. Asymptotics for DEA Estimators in Nonparametric Frontier Models. Discussion Paper，Institutde Statistique，Universite Catholiquede Louvain，Louvain-la-Neuve，Belgium，2003.

[64] Krasachat，W. & Chimkul，K. Performance Measurement of Agricultural Cooperatives in Thailand：An Accounting-Based Data Envelopment Analysis. In：Lee，J. D. & Heshmati，A. (eds.) *Productivity, Efficiency, and Economic Growth in the Asia-Pacific Region*，Physica-Verlag，2009：255 -265.

[65] Kumbhakar，S. C. & Lovell，C. A. *Stochastic Frontier Analysis*. London：Cambridge University Press，2000：215 - 232.

[66] Kumbhakar，S. C.，Biswas，B. & Bailey，D. A Study of Economic Efficiency of Utah Dairy Farmers：A System Approach. *The Review of Economics and Statistics*，1989，71(4)：595 - 604.

[67] Lerman，Z. & Parliament，C. *Industry and Size Effects in Agricultural Cooperatives*. University of Minnesota Institute of Agriculture，Forestry and Home Economics Staff Paper，1989：10 - 16.

[68] Lerman，Z. & Parliament，C. Size and Industry Effects in the Performance of Agricultural Cooperatives. *Agricultural Economics*，1991，6(1)：15 - 29.

[69] Levay，C. Agricultural Cooperative Theory：A Review. *Journal of Agricultural Economics*，1983，34(1)：1 - 44.

[70] Maddala，G. S. *Limited-dependent and Qualitative Variables in Econometrics*. London：Cambridge University Press，1983：103 - 120.

[71] Marshall，A. *Principles of Economics*. London：Macworkshopan

Press，1920：17 - 25.

[72] Milgrom，P. R. & Roberts，J. *Economics*，*Organization and Management*. New Jersey：Prentice Hall，1992：55 - 71.

[73] North，D. C. & Thomas，R. P. *The Rise of the Western World*. New York：Cambridge University Press，1976：322 - 335.

[74] Olley，G. S. & Pakes，A. The Dynamics of Productivity in the Telecommunications Equipment Industry. *Econometrica*，1996，64(6)：1263 - 1297.

[75] Ortmann，G. F. & King，R. P. Agricultural Cooperatives I：History，Theory and Problems. *Agrekon*，2007，46(1)：40 - 68.

[76] Phillips，R. Economic Nature of the Cooperative Association. *Journal of Farm Economics*，1953，35(1)：74 - 87.

[77] Porter，P. K. & Scully，G. W. Economic Efficiency in Cooperatives. *Journal of Law and Economics*，1987，30(2)：489 - 512.

[78] Pulfer，I.，Möhring，A.，Dobricki，M. & Lips，M. Success Factors for Farming Collectives. The 12th Congress of the European Association of Agricultural Economists，2008：77 - 93.

[79] Rawson，R. A. *Data Envelopment Analysis of Technical Efficiency in the UK Insurance Industry*. Nottingham：Nottingham University Thesis Series，2001：96 - 108.

[80] Ray，S. C. *The Directional Distance Function and Measurement of Super-efficiency：An Application to Airlines Data*. University of Connecticut，Department of Economics，2004.

[81] Robotka，F. A Theory of Cooperation. *Journal of Farm Economics*，1947，29(1)：94 - 114.

[82] Rosen，S. The Theory of Equalizing Differences. *Handbook of Labor Economics*，1986(1)：641 - 692.

[83] Ross，S. A. The Economic Theory of Agency：The Principal's Problem. *The American Economic Review*，1973，63(2)：134 - 139.

[84] Royer，J. S. & Smith，D. B. Patronage Refunds，Producer Expectations and Optimal Pricing by Agricultural Cooperatives. *Journal of*

Cooperatives，2007(20)：1－16.

[85] Schultz, T. W. *Transforming Traditional Agriculture*. New Haven：Yale University Press，1964：392－421.

[86] Schumpeter, J. A. *Capitalism, Socialism and Democracy*. New York：Harper and Brothers Publishers，1942.

[87] Sexton, R. J. A Perspective on Helmberg and Hoos' Theory of Cooperatives. *Journal of Cooperation*，1995(10)：92－99.

[88] Sexton, R. J. Perspectives on the Development of the Economic Theory of Cooperatives. *Canadian Journal of Agricultural Economics*，1984(32)：423－436.

[89] Sexton, R. J. & Iskow, J. Factors Critical to the Success or Failure of Emerging Agricultural Cooperatives. Gianini Foundation Information. Davis：University of California-Davis，1988(3)：34－49.

[90] Sexton, R. J. & Iskow, J. What Do We Know About the Economic Efficiency of Cooperatives：An Evaluative Survey. *Journal of Agricultural Cooperation*，1993(8)：15－27.

[91] Simar, L. Estimating Efficiencies from Frontier Models with Panel Data：A Comparison of Parametric Non-parametric and Semi-parametric Methods with Bootstrapping. *Journal of Productivity Analysis*，1992(3)：167－203.

[92] Simar, L. & Wilson, P. W. A General Methodology for Bootstrapping in Non-parametric Frontier Models. *Journal of Applied Statistics*，2000，27(6)：779－802.

[93] Simar, L. & Wilson, P. W. Estimating and Bootstrapping Malmquist Indices. *European Journal of Operational Research*，1999(115)：459－471.

[94] Simar, L. & Wilson, P. W. Estimation and Inference in Two-stage，Semi-parametric Models of Production Processes. *Journal of Econometrics*，2007(136)：31－64.

[95] Simar, L. & Wilson, P. W. Sensitivity Analysis of Efficiency

Scores: How to Bootstrap in Nonparametric Frontier Models. *Management Science*, 1998, 44(1): 49 – 61.

[96] Singbo, A. G. & Lansink, A. O. Lowland Farming System Inefficiency in Benin (West Africa), Directional Distance Function and Truncated Bootstrap Approach. *Food Security*, 2010(2): 367 – 382.

[97] Singh, S., Fleming, E. & Coelli, T. Efficiency and Productivity Analysis of Cooperative Dairy Plants in Haryana and Punjab States of India. Working Paper Series in Agricultural and Resource Economics, 2000.

[98] Singhavara, M., Leerattanakorn, N. & Cheumoungpan, A. et al. An Analysis of Efficiency in Operation and Optimal Development for Agricultural Cooperative in Chiangmai Province. *Business and Information*, 2012(7): 324 – 335.

[99] Soboh, R. A. M. E., Lansink, A. O., Giesen, G. & van Pijk, G. Performance Measurement of the Agricultural Marketing Cooperatives: The Gap between Theory and Practice. *Review of Agricultural Economics*, 2009, 31(3): 446 – 469.

[100] Soboh, R. A. M. E., Oude Lansink, A. & van Dijk, G. Efficiency of Cooperatives and Investor Owned Firms Revisited. *Journal of Agricultural Economics*, 2012, 63(1): 142 – 157.

[101] Staatz, J. M. *Cooperatives: A Theoretical Perspective on the Behavior of Farmers*. Ph. D. Dissertation, Michigan State University, 1984.

[102] Staatz, J. M. Farmers' Incentives to Take Collective Action via Cooperative: A Transaction-Cost Approach. Washington D. C.: ACS Service Report, 1987: 87 – 108.

[103] Staatz, J. M. Farmer Cooperative Theory: Recent Developments. Washington, D. C.: USDA Agricultural Cooperative Service, ACS Research Report, 1989.

[104] Stoneman, P. *Technological Diffusion and the Computer Revolution*. Cambridge: Cambridge University Press, 1976.

[105] Stoneman, P. *The Economic Analysis of Technical Change.*

Oxford: Oxford University Press，1983.

[106] Tamm，Y. M. Understanding Cooperatives: The Structure of Cooperatives. Cooperative Information Report，RDA-Cooperative Services，United States Department of Agriculture，1994.

[107] Vitaliano，P. Cooperative Enterprise: An Alternative Conceptual Basis for Analyzing a Complex Institution. *American Journal of Agricultural Economics*，1983(65)：1078 - 1083.

[108] Warman，M. & Kennedy，T. L. Understanding Cooperatives: Agricultural Marketing Cooperatives. United States Department of Agriculture Rural Development，Cooperative Information Report 45，Section 15，1998.

[109] Whitesell，R. S. Industrial Growth and Efficiency in the United States and the Former Soviet Union. *Comparative Economic Studies*，1994，36(4)：47 - 77.

[110] Wilber，C. K. & Jameson，K. P. *An Inquiry into the Poverty of Economics*. South Bend: University of Notre Dame Press，1983：178 - 209.

[111] Williamson，O. E. *Markets and Hierarchies: Analysis and Antitrust Implications*. New York: The Free Press，1975：63 - 71.

[112] Williamson，O. E. *The Economic Institutions of Capitalism*. New York: The Free Press，1985：77 - 97.

[113] Williamson，O. E. The Modern Corporation: Origins，Evolution，Attributes. *Journal of Economic Literature*，1981，19(4)：1537 -1568.

[114] Wilson，P. W. FEAR: A Software Package for Frontier Efficiency Analysis with R. *Socio-Economic Planning Science*，2008，42(4)：247 -254.

[115] Young，A. Increasing Returns and Economic Progress. *The Economic Journal*，1928(38)：527 - 42.

[116] Scott，D. W. *Multivariate Density Estimation*. New York: Wiley，1992：151 - 160.

[117] Silverman，B. W. *Density Estimation for Statistics and Data Analysis*. London: Chapman and Hall，1986：68 - 79.

[118] Simar，L. & Wilson，P. W. A General Methodology for Bootstrapping in Non-parametric Frontier Models. *Journal of Applied Statistics*，2000，27(6)：779－802.

[119] 保罗·A.萨缪尔森，威廉·D.诺德豪斯.经济学[M].萧琛译.北京：人民邮电出版社，2008.

[120] 庇古.福利经济学[M].吴良健译.北京：商务印书馆，2006.

[121] 蔡昉，王德文，都阳.中国农村改革与变迁：30 年历程和经验分析[M].上海：格致出版社，上海人民出版社，2008.

[122] 道格拉斯·诺斯，罗伯斯·托马斯.西方世界的兴起[M].厉以平等，译.北京：华夏出版社，2009.

[123] 道格拉斯·诺斯.制度、制度变迁与经济绩效[M].陈昕等，译.上海：格致出版社，上海三联书店，上海人民出版社，2008.

[124] 蒂莫西·J.科埃利，D.S.普拉萨德，克里斯托弗·J.奥唐奈，乔治·E.巴蒂斯.效率与生产效率分析引论[M].北京：中国人民大学出版社，2008.

[125] 杜吟棠.论农业中的现代企业制度[J].管理世界，1998(5).

[126] 樊纲.公有制宏观经济理论大纲[M].北京：生活·读书·新知三联书店，1994.

[127] 扶玉枝，黄祖辉.营销合作社分类型效率考察：理论框架与实证分析[J].中国农村观察，2012(5)：21—31.

[128] 郭红东，钱崔红.关于合作社理论的文献综述[J].中国农村观察，2005(1)：72—77.

[129] 郭红东，楼栋，胡卓红，林迪.影响农民专业合作社成长的因素分析——基于浙江省部分农民专业合作社的调查[J].中国农村经济，2009(8)：24—31.

[130] 国鲁来.合作社的经营规模与组织效率[J].农村经营管理，2005(9)：11—13.

[131] 国鲁来.合作社制度及专业协会实践的制度经济学分析[J].中国农村观察，2001(4)：36—48.

[132] 何秀荣.公司农场：中国农业微观组织的未来选择[J].中国农村经

济,2009(11)：4—16.

[133] 黄胜忠,林坚,徐旭初.农民专业合作社治理机制及其绩效实证分析[J].中国农村经济,2008(3):65—73.

[134] 黄胜忠.农业合作社理论研究述评[J].商业研究,2009(3)：175—179.

[135] 黄祖辉,扶玉枝,徐旭初.农民专业合作社的效率及其影响因素分析[J].中国农村经济,2011(7)：4—13.

[136] 黄祖辉,邵科.基于产品特性视角的农民专业合作社组织结构与运营绩效分析[J].学术交流,2010,196(7)：91—96.

[137] 黄祖辉,徐旭初,冯冠胜.农民专业合作组织发展的影响因素分析——对浙江省农民专业合作组织发展现状的探讨[J].中国农村经济,2002(3)：13—21.

[138] 黄祖辉.农民合作：必然性、变革态势与启示[J].中国农村经济,2000(8)：4—8.

[139] 克利斯·弗里曼,罗克·苏特.工业创新经济学[M].华宏勋译.北京：北京大学出版社,2004.

[140] 拉坦.诱致性制度变迁理论.见：科斯,阿尔钦,诺斯等.财产权利与制度变迁——产权学派与新制度学派译文集[M].上海：上海三联书店,1994.

[141] 李维安.现代公司治理研究[M].北京：中国人民大学出版社,2001.

[142] 厉以宁.经济学的伦理问题[M].北京：生活·读书·新知三联书店,1999.

[143] 梁巧,黄祖辉.关于合作社研究的理论和分析框架：一个综述[J].经济学家,2011(12)：77—85.

[144] 林毅夫.关于制度变迁的经济学理论：诱致性变迁与强制性变迁.见：科斯,阿尔钦,道格拉,李维安.现代公司治理研究[M].北京：中国人民大学出版社,2001.

[145] 刘丽霞.中国农民专业合作组织效率研究[D].吉林大学博士学位论文,2008.

[146] 吕东辉,李涛,吕新业.对我国农民销售合作组织的实验检验,以吉

林省梨树县为例[J].农业经济问题,2010(12):93—97.

[147] 马克思.资本论(第1卷)(第二版)[M].北京:人民出版社,2004.

[148] 马歇尔.经济学原理[M].廉运杰译,北京:华夏出版社,2005.

[149] 马彦丽.农民专业合作社的制度解析[M].北京:中国社会科学出版社,2007.

[150] 曼瑟尔·奥尔森.集体行动的逻辑[M].北京:生活·读书·新知三联书店,上海:上海人民出版社,1995.

[151] 魏权龄.评价相对有效性的DEA方法——运筹学的新领域[M].北京:中国人民大学出版社,1988.

[152] 沃尔特·鲍威尔.拓展制度分析的范围[M].上海:上海人民出版社,2008.

[153] 沃尔特·鲍威尔,保罗·迪马吉奥主编.组织分析下新制度主义[M].姚伟译.上海:上海人民出版社,2008.

[154] 西奥多·W.舒尔茨.论人力资本投资[M].北京:北京经济学院出版社,1990.

[155] 熊万胜.合作社:作为制度化进程的意外后果[J].社会学研究,2009(5):83—109.

[156] 徐旭初,吴彬.治理机制对农民专业合作社绩效的影响——基于浙江省526家农民专业合作社的实证分析[J].中国农村经济,2010(5):43—55.

[157] 徐旭初.中国农民专业合作经济组织的制度分析[M].北京:经济科学出版社,2005.

[158] 亚当·斯密.国民财富的性质和原因研究(上册)[M].王大力,王亚南译.北京:商务印书馆,1974.

[159] 杨小凯,黄有光.专业化与经济组织——一种新古典微观经济学框架[M].张玉纲译.北京:经济科学出版社,2000.

[160] 应瑞瑶.农民专业合作社的成长路径——以江苏省泰兴市七贤家禽产销合作社为例[J].中国农村经济,2006(6):18—23.

[161] 苑鹏.中国农村市场化进程中的农民合作组织研究[J].中国社会

科学,2001(6):63—73.

[162] 约瑟夫·熊彼特.经济发展理论[M].何畏,等译.北京：商务印书馆,1990.

[163] 张梅.我国农村专业合作经济组织的效率研究[D].东北农业大学博士学位论文,2008.

[164] 周立群,曹利群.农村经济组织形态的演变与创新[J].经济研究,2001(1)：69—83.

[165] 周其仁.市场里的企业：一个人力资本与非人力资本的特别合约[J].经济研究,1999(6)：71—80.

后 记

本书是在我的博士学位论文的基础上修改而成的。书稿付梓之际，感慨良多。

谨以此书献给我那远在天堂的父亲。是他的无尽关爱和言传身教，让我提前悟到并及早践行做人的道理和为学的精髓。然而，命运多舛，2011年10月，在我着手博士学位论文的写作之时，父亲却驾鹤西去。思念绞痛儿心，教诲尤在耳边。在本书的整个写作过程中，从谋篇布局到词与句的斟酌，我的耳边始终环绕着父亲的谆谆教诲之音。此刻，我谨记着他的严谨与严厉，毕恭毕敬、诚惶诚恐地将拙作呈上，恳请父亲大人批评。

感谢我的外婆和母亲。她们都是最典型的中国传统女性，善良仁爱、相夫教子、任劳任怨。目不识丁的外婆一生辛劳，她用博大的胸怀和忘我的付出，为我注解了人世间的真情；受过教育的母亲百折不挠地教我说话、诱我思考，不知疲倦地关心我的学习、照顾我的生活，她为我付出得太多太多。也许她们永远都不会明白我这本书的内容，但我始终认为，其中的许多价值与追求都源于这些平凡而伟大的爱，所以我真诚地感谢她们。

衷心感谢在浙江大学读博期间遇到的好老师、好同学和好朋友。我无法用语言来表达对导师黄祖辉老师的感激之情。他不仅在学术研究上给了我最精心的指导、最自由的空间，在为人处世方面的谆谆教诲同样使我刻骨铭心。每次与黄老师交流，都会有种醍醐灌顶、如沐春风的感觉；他的包容、仁爱之心，是我一生都享用不尽的精神财富。我要特别感谢徐旭初老师，他教我如何正确认识社会、适应社会，在我情绪陷入低谷时给予了我最重要的鼓励，为我获取博士论文数据提供了最直接的帮助。我还要感谢陆文聪老师，他是一位治学严谨、执着、纯粹的学者，为本书提出了极具建设性的建议。此外，卡特中心的郭红东老师、周洁红老师、韩洪云老师、阮建青老师、金少胜老师都对我的博士论文提出了重要建议；陈兴浓老师和张霞老师为我论文资料的查询给予了非常大的帮助。林坚老师、卫龙宝老师、许小东老师、周玲强老师都在论文答辩过程中给出了很多宝贵的意见，在此表示由衷的感谢。求学路上能邂逅这些老师，实为幸事！

刘西川师兄是我学术研究方面的榜样，我要感谢他在文献查阅、论文选题、行文谋篇上对我近乎于苦口婆心的教诲。我的同班同学施晟、蔡荣、蔡书凯等多次与我交流，让我受益匪浅。卡特中心的其他师兄弟姐妹们都是我持续学习的陪伴者和助推力，在此一并表示感谢！荷兰鹿特丹伊拉斯姆斯大学的 George 教授、《中国农村经济》杂志社的陈劲松研究员、《中国农村观察》杂志社的潘劲研究员对我的投稿论文精心审阅，不厌其烦地提出修改意见，对此我深表敬意和谢意。

感谢我的爱人胡魁这么多年来对我的关爱、鼓励与支持。感谢我刚出生的宝宝湘玥，感谢她陪着我在电脑前度过了艰辛的写作历程，我们将共同昂首迎接更为丰富而绚烂的人生旅途。感谢我的双胞胎侄女湘资和湘源，她们给我的生活增添了无尽的乐趣。总之，我要感谢的人还有很多很多，遗憾的是我无法一一列出他们的名字，在此，一并感谢他们对我的支持、帮助、批评、鼓励和理解！

最后，感谢岁月与困难对我的磨砺！

扶玉枝

2013 年 10 月 1 日

索　引

图书在版编目(CIP)数据

农民合作社效率评价：理论、方法与应用/扶玉枝著.—杭州：浙江大学出版社，2014.3

ISBN 978-7-308-12977-0

Ⅰ.①农… Ⅱ.①扶… Ⅲ.①农业合作组织—效率—评价—中国 Ⅳ.①F321.42

中国版本图书馆 CIP 数据核字（2014）第 044439 号

农民合作社效率评价：理论、方法与应用

扶玉枝　著

责任编辑	陈丽霞
文字编辑	杨　茜
封面设计	春天・书装工作室
出版发行	浙江大学出版社
	（杭州市天目山路 148 号　邮政编码 310007）
	（网址：http://www.zjupress.com）
排　　版	杭州林智广告有限公司
印　　刷	富阳市育才印刷有限公司
开　　本	710mm×1000mm　1/16
印　　张	10.5
字　　数	161 千
版 印 次	2014 年 3 月第 1 版　2014 年 3 月第 1 次印刷
书　　号	ISBN 978-7-308-12977-0
定　　价	28.00 元